AQUARIUS

AQUARIUS

AQUARIUS

AQUARIUS

Vision

一些人物，
一些視野，
一些觀點，
與一個全新的遠景！

男人的祕密只跟心理師說
一名性諮商師與
那些男人不言的
欲望迷霧
The Men on My Couch:
True Stories of Sex,
Love and Psychotherapy
臨床心理學博士｜布蘭蒂．恩格勒（Dr. Brandy Engler）、
《紐約時報》暢銷作家｜大衛．蘭森（David Rensin）◎著 李菲◎譯

【推薦序】

那深埋的脆弱，如何出土？

愛的表達，不該流於某種表面形式；愛的連結，無須流於在檯面下尋求。

文◎**羅子琦**（諮商心理師）

執業十九年來，諮商室裡，案主的性別比例，一直是女性多於男性的。對於這樣的性別比例，早期我為此感到慶幸，因為我總覺得男性是很難一起工作的族群。他們在成長的過程中，多半不被期待分享與描述感受，他們被要求剛強和解決問題，因而和這樣的案主諮商時，往往是挑戰更多。

然而，隨著實務經驗的積累，讓我對於如何和男性案主工作，有著更深的理解與體會。

閱讀布蘭蒂．恩格勒博士（Dr. Brandy Engler）《男人的祕密只跟心理師說——一名性諮商師與那些男人不言的欲望迷霧》一書，總讓我頻頻點頭——不僅是在實務經驗中的共鳴，也對於作者在不同篇章故事中，揭露自身情感經歷的書寫，感到欣賞與欽佩。

畢竟，心理師自身的狀態如何，往往也會是諮商歷程中的工具之一。心理師承載著案主的故事，引導案主探索其述說背後，內心深處的情感、恐懼是如何地影響他們……倘若心理師自己抗拒面對脆弱，自然也很難穩穩地引領他們往內心深處去探尋。

通往內心深處，解鎖創傷與脆弱的路徑

性，往往不只是性。

隨著書中不同案主的故事發展，你會看到性的背後，都有他們脆弱的一面。

也許，你會認為男人的性與愛總是分開的，可能也很難認同那些宣稱性愛分開的男人們，其內心可能存在著難以承認的脆弱。往往就是這樣，男人用性愛分離（或就是好色等）來隔離或保護內心脆弱之處，而女人也以此來作為性與背叛的歸因。這樣的結論，似乎簡單、容易多了，卻從來不會是解決關係困境的根本之道。

布蘭蒂．恩格勒博士試圖表達「所有的欲望表現，無論多扭曲，都有跡可循」，換言之，皆是一道道通往內心深處，解鎖難以承認的創傷、脆弱的路徑。

傳統社會文化的影響之下，多數人皆不容易面對脆弱，當我們選擇以壓抑、否認、隔離來逃避時，那個被否認存在的脆弱，便成為某部分的分裂自我，它不會消失，並且將以其他方式存在著……

當你的愛情故事裡，遇上另一半的性問題，或是在關係裡遭逢性的困境時，總會引發許多的不知所措，甚至不禁懷疑：「他是真的愛我嗎？」但其實也是在自問：「我還能夠愛嗎？」

確實，「愛」一點也不容易。愛與浪漫不一樣，它是一種感受，更是一種能力。

隨著書中提問，進行自我探索

在閱讀此書的過程中，不只是男人，也包含女人，都可以隨著書中的各種提問，進行一場內心自我探索的旅程。

但願你、我皆能在這場旅程中，嘗試貼近深處的脆弱，接納這樣的自我，給自己一個機會，做出選擇與真正的改變，成為更真實與自在的自己。與此同時，也才有能力知道如何與所愛之人，好好地在一起。

【前言】

他們是我們都認識的男人

本書內容是我在男人情欲探索之旅中的意外發現。在這段旅程中，我了解了案主們在「性」與「愛」之間做選擇時的欲求與行為，不僅讓我感到驚訝，也挑戰著我對男人和我自己的既有看法。

女人有很多種探索感情真諦的方式，比如禪修、獨自赴荒野旅行、買大量自我成長書籍、談談網戀或跑馬拉松，還有人去賭城豪賭……而我只要去我的心理治療所就好。

錯把「欲望」當成「愛」的男人

幾年前，身為新手心理師的我終於實現夢想，在曼哈頓開設心理治療所，只是有個小阻礙：在這個領域，我還是個菜鳥。同行都曉得累積客戶需要時間，許多人建議我別急躁，可以像其他人一樣先加入既有的團隊、參與社群，結識如醫師、大學心理系的人及其他能夠代為推薦的專業人士等，建立人脈。我仔細考慮了這些建議，也想過先找一份穩定工作，經濟才有保障，不過當時我剛跟著一位知名心理師完成「性諮商」的專業訓練，對此充滿熱忱。

我在醫院進行臨床訓練時的指導教授卻不看好我的選擇。

「性諮商？你在開玩笑嗎？」他說：「那已經過時了。有了藍色小藥丸，沒有人會找心理師做性諮商。」

他提供醫院的工作機會，但我心意已決，在紐約時報廣場的中心地段掛起自己的小招牌。我不擔心藍色小藥丸。我的博士論文正是探討女性的性欲低落，而專長是女性的性諮商。

原以為建立客群的過程會很緩慢。根據研究，女性受焦慮、憂鬱或悲傷所苦時，比男性更願意接受治療，然而性欲低落時卻極少求助，因為她們悲慘地以為這樣才「正常」。無論如何，我認為只要是自己想做的工作，慢慢來也無妨，而且這是女人普遍都有的問題，只要打出招牌，她們最終會上門的。

我的想法錯了。

很快就有電話打進來，只不過幾乎都是男性。

男人？這完全出乎我意料。幾個月內，男性的電話絡繹不絕，提出各式各樣關於性的問題：長期沉迷於搭訕不同的女人、性成癮、找小姐、性別認同、嫉妒、性功能障礙、親密恐懼、失去性欲、想要釐清「什麼是愛」……當情緒出問題，男人不像女人那樣會找心理師，但是當「下半身」有狀況，他們會求助。

儘管我的專業訓練確實包括為男性做性諮商，但並非我進這行的初衷。不過，我想自己能夠幫助他們，於是接受挑戰。我以為會聽到尷尬、難堪的故事，可是就像恐怖片冷靜又天真的女主角，明知凶手躲在暗處，我仍壯膽前行，因為實在太好奇了。

我鼓起勇氣，打開治療所大門，放膽開始會談，準備迎接眼前的任何挑戰，而結果並未令我失望。

性諮商，其實是「心」的諮商

本書將帶各位親臨私密的會談現場，見證我和案主們直白、大膽的對話內容，揭示潛藏於男性「欲望」底下的核心議題。你將以旁觀者視角低調地觀察，現代男性求助諮商的性議題是由哪些原始情感及真實動機引發。與其他的相關書籍不同，在本書中，你還會看到我對每個案例做出的專業反應，以及我個人對這些問題的態度和想法。

進行會談沒多久後，我發現一條亙古不變的真理：「性不只是性，而是一種複雜的體驗」。

儘管一開始，我以為主要是解決性方面的問題，但很快便注意到，我是在探索**導致案主產生問題行為的「心理」議題**。我開始深入了解這些問題行為的成因，發現有的人會對最親密的人發洩受壓抑的感情，或者排解無法控制的情緒；有的人想要重新體驗、並控制深藏內心的過往創傷；還有許多人透過性，彌補自己對權力、認同、自我價值、安全感與感情的渴望。

一般來說，這些案主對自我行為動機的認識不夠深刻，都希望透過性來解決自身的問題，但結果不盡如人意。

探索愛的心理師，也是渴望愛的女人

本書並非要說明關於男人的所有問題，我都知道答案；也不是要教女人改變男人，獲得完美愛情；更不是指行為、態度不符社交禮俗的男人都是渣男。

對待書裡的這些男性，我的態度是嚴苛的，總會挑起他們的怒火或讓他們流淚，這是出於對他們的關心，也是我身為傾聽者的責任。所以雖然有時我私底下認為他們是有道德瑕疵的膚淺渣男、不可救藥的混蛋，但是在書中，我不能如此描述這些男人。

在書裡，我不會原諒他們做出的不良行為，也不會替他們辯護；並非要讀者同情他們，也不會勸各位原諒這樣的男人帶來的傷害。我想請各位見證這段探索男人「性心理動機」的旅程，以及他們在過程中的發現和進步。

本書並非要告訴你男性的想法和欲望，而是想讓你看看「他們告訴我什麼」。在書中，我不僅記錄了身為心理師對這些男人的專業分析，並記下身為一個女人對他們言行的反應。

這本書不只是一系列案例分析，也記錄了我的自我成長與探索之旅，更是一本我從會談室所得經驗和教訓的紀錄，並說明了諮商歷程對於我自己感情觀的影響。

從「男性視角」來看親密關係

開始執業後，我陷入一段分分合合的遠距戀情，像我的案主們一樣：我渴望愛，但又不明白愛的真諦。曾有很長一段時間，提到愛與性，我便幻想著和戀人手牽手，一起在燦爛陽光下奔跑、接吻的畫面。

我與男友拉米剛相戀時，感情極不穩定，時而強烈、直接，時而冷淡、疏遠，反覆無常，無法預料。愛到深處時，我們盡情纏綿，也遭遇過信任危機。我們兩人來自不同的世界，展開激烈拉鋸，而我總是認輸的那個。

經歷過那段感情後，諮商工作對我有更重要的意義。畢竟，有多少女性能在職業生活中，**從男性視角探索欲望與愛的問題**？有多少女性能**從男人口中聽見男人的心聲和想法**？有多少女性能夠**聽男人如此坦露，而不只是想像**？這樣的機會實在不多。

起初聽男人談論他們的欲望，我很難堪，某些會談過程也令我茫然，因為聽到的內容使我困惑。我也將這種疑惑帶入與男友的感情關係。

幸好最終我明白如何將與案主一起工作的經驗運用在自己的感情中，對於愛有了更深入的了解。

在這段過程中，我不斷推翻自己過往如同其他女性對於男人的觀念和看法。我發現這些看法都是片面的，比如「如果他愛我，他就不會騙我」、「要是我瘦了（變漂亮、變性感或是夠聽話），他就會對我死心塌地」等等。

理解男人，更理解自己的需要與想要

有位閨密告訴我：「我覺得男友不會騙我，他看起來對我很專情，什麼都肯為我做，他會幫我洗車、下廚。雖然他對房事沒那麼感興趣，也沒什麼新花樣，但是和我在一起，他就很開心。」

真希望她說的沒錯。不過書裡的一些案例證明，與女人相愛並不能保證男人身體的忠實；而不忠，也不意味著那份愛不是真的或者對感情不認真。

一般人認為男人只在乎性，事後來片披薩、喝個啤酒，然後再來一次。我太常聽閨密們抱怨：「他根本不愛我，只想和我睡。」沒錯，許多來諮商的男人談的正是性的話題。但他們還是會說到「愛」。

事實上，我發現男人確實想要生理的滿足，但又不止於此。從他們的故事裡，我發現在那些親密行為背後，往往有更深層的感情需求，但他們很難向伴侶傾訴。所以在書中，我並未咎責他們不安分的下半身，而是探索他們內心的真正需求。

本書並非臨床診療報告，也不是自助書籍，既沒有列長長清單，也沒有複雜的練習步驟，更沒有什麼勵志話語。盼望各位讀了書裡的故事後，能夠從中吸收想要的經驗，對男人有自己獨到的見解。

我們都明白，感情問題沒有標準答案。本書只是一場探索的歷程，期待各位讀者與我一起踏上這段心理探索之旅。

我希望本書能為讀者們，尤其是女性讀者，提供關於欲望與關係動力的全新視角。因為與閨密們聊起這些時，我們總會討論**男人究竟想要什麼**、**他們為何做出那樣的行為**，而**我們又該如何應對**。

最後還要聲明一點：雖然本書提到的男性各不相同，但他們有一個共通點——他們既不是變態，也不是行為不軌的禽獸。他們就是平常的男人，來自世界各地、不同階層，任何人的男友、丈夫、兄弟和朋友，都可能跟他們一樣。

他們是我們都認識的男人，也是女人想要了解的男人。

目錄

【推薦序】那深埋的脆弱，如何出土？文◎羅子琦（諮商心理師） 009

【前言】他們是我們都認識的男人 012

本書提到的男人，他們既不是變態，也不是行為不軌的禽獸，
他們就是平常的男人，
任何人的男友、丈夫、兄弟和朋友，都可能跟他們一樣。
他們是我們都認識的男人，也是女人想要了解的男人。

「愛是什麼，你能告訴我嗎？」 026

有的男人將女性視為滿足自己需求的人，不斷找女人。
他們需要獲得女人肯定，以為這就是「愛」，並引以為傲，
否則便感到沮喪，覺得自己毫無價值。
這種「過度自戀」是對感情關係最大的傷害。

「我和她們只是普通朋友。」 058

在感情中，「決定去留」的黃金問題：

1他是替你的生活增添活力？還是讓你的生活失去活力？

2你喜歡和他在一起嗎？真正享受他的陪伴嗎？

3他會在經濟上給你支持嗎？

4你和他在一起，是為了愛，還是為了滿足你對愛的幻想？是為了愛情，還是為了滿足你的自我？你為什麼要和他在一起？

「女人到底想要什麼樣的浪漫？」 074

你不知道自己想要什麼，因為你迴避了自己的感受，
此刻你不曉得該怎麼做，其實就是內心在提醒你：
重新開始探索自己的需求，承擔相應的風險，面對關係中的不確定性。
你必須關注自己的內心。

「我害怕被妻子發現我的脆弱。」 104

我們對愛都懷有恐懼感，這種恐懼通常潛藏在內心深處，
平常幾乎感受不到，只有墜入愛河後，我們才會察覺。

目錄

然後我們會懷疑自己能不能接受愛，自問是否配得上這份愛。
何不將這種恐懼感當作一種「慶祝」？
慶祝你找到讓你真正有感覺的人。

「為什麼要談我的傷心事？」 144

親密行為向我們傳達著某種訊息，
就像在一塊空白帆布上作畫，人們將內心活動透過親密行為表達出來，
有人畫上愛與歡愉的圖像，
有人則無意識地發洩過去的創傷和痛苦——男性常常如此，
因為他們極少直接發洩情緒，也沒有機會處理自己的情緒。

「在家裡，我覺得自己很沒用。」 172

有些人想要永遠享有極致的歡愉體驗，
但在感情關係中，這種期待顯然不切實際，
並且混淆了「幸福」與「熱情」的涵義。
事實上，只有我們自己投入生活，才會有幸福感。

「我覺得自己很失敗。」 190

許多人之所以不知道自己究竟想要什麼，
是因為並未仔細地認清自己真正渴望得到什麼。
當欲望湧現時，不妨先停下行動，好好地想想這個問題：
「我真正想要的是什麼？」

「我討厭她，因為我愛她。」 198

讓男人惱怒的是，他們每天都感覺自己非常需要女人的愛，
卻又不相信女人能夠給他們想要的。
這樣的態度，其實反映了對「愛」的渴求，
他們想與女人建立真正的感情，卻用錯方法。

「我很愛我女友，但她太無趣了。」 216

男人總是在掙扎：到底是選擇自由地與許多女人交往？
還是選擇從一而終的夫妻生活？
這種觀念是錯誤的，
當男人因恐懼而做出「單選或複選」的抉擇時，註定要失敗。

目錄

「心理師，我對你動心了。」 240

我們在尋找伴侶時，應該問自己的十個重要問題：

1他是如何面對感情和情緒的？

2他能夠處理好憤怒和悲傷的情緒嗎？

3他是會發脾氣，還是將這些情緒掩藏起來？

4他是會主動處理，還是會嚥下這些情緒？

5他如何因應生活中無處不在的壓力？

6他能夠接受愛和給予愛嗎？

7你們能夠相互扶持嗎？

8你們能成為彼此的避風港嗎？

9即使你讓他感到挫敗、你們的生活並不如意，他也能保持對你的愛嗎？

10他能否不沉迷於愛裡無法自拔，而是「在愛裡找到自己」？

「我不相信女人。」 280

一旦學會接受自己對感情的恐懼，

接著就是要克服這些恐懼，改變才會發生。

當恐懼感出現時，我們要意識到它，並且不做出過度反應，

在過程中，要一直對自己說：

「這會過去的。」

【結語】「愛」是人性最核心的部分

我們都可能因愛受折磨，但我們仍然需要愛。
陷入恐懼、拒絕接受感情，無法保護我們不受傷，
但這也是我們需要接受的最重要的經驗：
要學會愛，就要學會承受愛帶來的痛苦，
關於愛的一切都有美感與傷痛。

「愛是什麼，你能告訴我嗎？」

大衛是金融界的明日之星，在曼哈頓房價最高的地段有房產，女友是職業模特兒。他有自信、優雅又有風度，待人有禮，很「紳士」，身材高瘦，像美式足球員般結實。

當他身著昂貴西裝走進會談室時，一派淡定，看似很明白自己要什麼，也知道如何爭取自己想要的。

他先瞥一眼燈光柔和的空間，面露讚賞地欣賞著牆上的畫作，接著仔細地打量我。

「啊，心理師，你真迷人。」他說：「我想我會喜歡跟你聊聊的。」

聽到這句話，我一下子臉紅了。這個帥哥的讚美讓我既受寵若驚，又有點害怕，因為我總覺得他想**透過「男性」、「女性」做出區隔，確立自己的強勢地位**。

大衛是我的首批案主之一，他的恭維對我很有幫助。從過去的訓練經驗中，我學會因應案主的投射心理，而且我想好好了解他那光鮮外在之下的「內心」。這句開場白讓我知道，他不喜歡以「個案」的角色交流，尤其不喜歡與我這樣的同齡女人談論性議題。

我給了他一個溫暖但不失專業的微笑。「很高興你和迷人的女性能自在共處。」我用他自己說的話回覆，接著指向沙發，「請坐。」

大衛坐到沙發上，手撫過沙發光滑的黑色皮革。他身體前傾，雙腿打開，雙臂也張開，眼睛則不斷地上下打量我。

當他看向我的雙眼時，我也迎上他的目光。這顯然像一場棋局，他一開局便發動攻勢，激使我防守。

雖然他在挑逗我，但我不覺得多有吸引力。他的眼睛缺乏神采，沒什麼魅力可言。那份優雅似乎是裝出來的，精緻的面容也完美得太不真實。是的，俊美外型確實能吸引女性的目光，但女人其實更希望美的那個人是自己。

「我不知道自己能不能愛人。」

大衛適應環境之後，我問他想談些什麼，原以為他會輕浮地調笑，不料這次他的反應很正常。

「我不知道自己能不能愛人。」他輕聲說：**「我覺得自己根本不知道愛是什麼。說真的，愛究竟是什麼，你能告訴我嗎？」**

他的語氣聽起來急切而真誠，看向我的眼神也充滿期待。我沒有答覆，因為有些措手不及，我根本不知道如何回應這個看似簡單、但難以回答的問題。

什麼是愛？

有時候，案主覺得心理師是解開他們人生難題的智者，能夠回答諸如此類的提問，比如：我們死後會怎麼樣？這世上真的有靈魂伴侶嗎？上帝真的存在嗎？但事實上，心理師沒這麼偉大。**心理師觀察案主的行為，引導他們回答問題，傾聽他們的心聲，判斷他們的行為動機，然後引導他們找到合適的解決辦法，並敢於承擔相應的責任和後果。**至於解釋生命的涵義、愛的意義這類任務，更適合留給樂於向人們闡述見解和發現的精神導師、生物學家及哲學家。

因此，我決定以「提問」引導大衛自己探索答案。我想知道在探索愛情的道路上，他關注的究竟是什麼。

「我女友妮姬真的很美，」他說：「是高䠷的金髮模特兒，完美的衣架子，小腹緊實。我也不知道為什麼會背叛她，但我實在控制不住自己。晚上她去工作時，我就跟朋友們去喝酒，我們會比賽找辣妹要電話號碼，看誰蒐集得多，誰就贏了。」

享受搭訕的「過程」

身為年輕女人和新手心理師，大衛說的話讓我感到一陣噁心，很反胃。眼前來找我幫助的這個人，對於任何女人而言都是令人恐懼的惡魔——這樣一個花心渣男、情場老手，看待自己的出軌不以為意，對女人貪得無厭。

我很快便打從心底看不起他，但精心地隱藏這種心態，不帶任何偏見地向他提問。

「蒐集電話號碼？」

「對，但不是直接要，也有個過程。」他說著，又恢復先前的高傲。「我對這個很有一套。首先，我會找酒吧裡最美的女人，和她閒聊，加油添醋地稱讚她有多美，可是裝作自己沒被她電到。我知道如何含蓄地表達曖昧而不會顯得太急切。我假裝自己真正感興趣的是她這個人，所以會問跟她有關的問題，不說太多自己的事情，但會不經意地提到自己的經濟狀況。我讓她來說出她自己的情況，然後聽她想要什麼，表現出『你想要的，我剛好有』。」

真不知道還有什麼行為比這種更可惡。無論女友多好，他都不滿足。他和朋友們居然用這種手段玩弄女人，還比賽！

在我想像著大衛描述的情景時，他換了個姿勢坐，接著說：「然後我會假裝冷落她，裝出對她說的不感興趣了，去找其他美女閒聊，但不是找和她一起來的同伴，傻瓜才會這麼做。我讓她想辦法重新贏得我的關注；如果她沒有，我還是會跟她聊天，不過會擺出高傲的姿態。無論哪種情況，我都會裝作隨意又感興趣，這招很管用。」

「哦。你一個晚上要搭訕多少女人？」

「一整晚有好幾個吧。」

「這樣做的目的是……」

「要她們的電話號碼，順利的話，就進一步發展。這遊戲很刺激，就像比賽一樣。」他說。

我迅速地記下，以便深入了解這種**競爭心態**。「你就一直這樣，然後和她們上床？」

「有時候吧，但都只是一夜情。」

看得出他有些防備，以為我會責備他，但我卻以鼓勵、甚至讚賞的態度對待他。我微笑著向他點點頭，好像並不介意他說的，彷彿這與我平常聽的其他個案故事沒什麼不同。我發現要讓案主完全對我敞開心扉，這招很管用。

「一夜情的感覺好嗎？」

「很棒啊。」他說著，稍稍放鬆了些，「不過我最喜歡的是跟朋友們去酒吧，找辣妹要電話。比起後續，我更喜歡獵豔的過程。」

大衛的話也讓我曉得在玩弄女人的過程中，哪件事對他最重要。這點對每個男人來說不同。我認為**發現大衛最看重哪一部分，就能明白他真正的動機**。

例如，有些男人就是喜歡看著女人；有些男人見到心儀的女人，就想和她們約會；有的男人想上床；有的男人希望女人愛上自己。大衛享受的是要電話號碼的「過程」，雖然有時會和這些女人上床，但多半是一夜情。

如何幫助令我反感的案主？

大衛的故事讓我想起有位閨密曾向我抱怨，男友從不誇她，有時還跟她的朋友們打情罵俏。

「真不知道他心裡有沒有我。」她說。

某天，她在男友的房間裡發現一本叫做《情場遊戲》的書，稍稍翻看一下，頓時讓她惶恐不已，於是她也買了一本，還拿給我看。這本書的作者看起來是情場高手，書中介紹了許多把妹技巧，他甚至有個社群網站，供讀者們交流。

我們兩人都認為看這本書就像進入一個神祕的世界，告訴男人應該如何引誘女人。我這位閨密的男友和大衛做的一切，都是從這種邪惡的書學來的：忽視女人，從不讚美或恭維；或者先誇她一句，再貶低她，比如「我喜歡你的美，但你美得沒特色」。男人常用這種欲擒故縱的方式讓女人覺得自己沒吸引力，這樣她就會努力表現自己、討好他。男人從這種互動中獲得**掌控感**。

理性上，我知道這些技巧只能短期奏效，但長久下來將會傷害女性的自尊心，繼而失效。然而一想到有些男人只是把感情當遊戲，就讓人不舒服。後來我的閨密上了那個社群網站潛水觀察，更是被網站內容氣到。

但她和那個男的分手了嗎？沒有。很不幸地，「欲擒故縱」讓男人在交往中更勝女人一籌。

我很看不起大衛這種男人，但我的反應不能太尖刻，也不能像在酒吧一樣對他視而不見。身為心理師，我應該幫助他。我知道自己應該發揮同理心，好好地進行諮商，但是並不容易。我明白，我應該控制自己的「反移情」——這是指我身為心理師的個人感情。心理師應時時刻刻關注自己的個人情緒，才不至於將個人課題帶入工作。

換言之，**在諮商過程中，我必須知道哪些是案主的課題，哪些又是我自己的**。因為所有心理師都會因案主的故事產生自己的情緒，我也不例外，所以才需要分辨這兩者，然後馬上掌控自己的情緒。

親密關係反映人的自我

後來，我為大衛做了性狀態測驗作為第一次的標準評估，讓他就像看電影般快速檢視近期發生的一夜情。我想了解是誰主動、有哪些前戲和姿勢、兩人目光交會的次數，以及他當下怎麼想、體驗到什麼情緒，還有他的性幻想內容。

我發現**男人的許多個性和感情需求，都能從他們在性的表現上推斷出來**。我得以了解大衛對於愛的能力、自尊強弱、自信程度、個人影響力，甚至能看出童年經歷帶給他的影響。

親密關係能夠反映一個人的自我。

剛入行時，向案主問到「敏感」問題時，我會覺得很尷尬，被別人稱為「性諮商師」也不大自在，讓我聯想到對成人玩具上癮的老女人。我是從分析的角度探討性議題，然而在進行相關討論時，那些「生動又坦誠」的內容讓家教保守的我很容易臉紅。

我發現自己會避開太直白的字眼，並非是自己避談「性」這件事，而是因為我來自一個禮儀合度的南方家族，我們用字遣詞有禮而委婉。母親總告訴我，一言一行都要像個淑女。我們家族的女性都傳統又正派，上桌吃飯時，身穿長裙、戴珍珠首飾。

大衛離開後，我對他的評價是：**雖然他裝作自信滿滿，但反應都是以自我為中心，可見他心中充滿恐懼，而且好強**。對我來說，要處理大衛的問題，棘手之處在「自我中心」、「內心充滿恐懼與好強」已成為他的性格特徵。案主的異常狀態一旦變成性格特徵，他們就很難做出改變。要讓大衛意識到自己的缺點很難，但也並非無計可施。他原本以玩弄女人為傲，如今不再能滿足。對大衛來說，**他想要體驗愛，卻不明白什麼是愛**。

我想引導他找答案，但我得先停下來，釐清自己的感情關係。

當時我認為自己很清楚「愛究竟是什麼」——愛當然就是浪漫。我一直希望擁有浪漫、唯美的愛情。是的，我愛男人，但真正嚮往的是愛情本身。多年來，我學會製造浪漫，並運用得純熟自如。我讓男人們圍著我轉，以美貌或才華吸引他們，讓他們沉醉其中，不可自拔，不管任何時候，都能令男人為我傾倒。在這種情況下，我自然認為沒有哪個男人對我有惡意，因為我下意識地表現得純真，這往往能激發男人的保護欲。

大衛和我，就像大情聖唐璜遇到天真少女。

「我有能力去愛嗎？」

第二次與大衛見面，我提到上次自己未答的那個問題。

「所以，你是想知道你『是否有愛的能力』嗎？」

「我想是。」

「那你有沒有想過，為什麼你會懷疑自己愛的能力？」

「也許是因為我跟那些女人只有肉體關係，而沒有感情。這很奇怪嗎？」

「你認為這奇怪嗎？」

「我認為奇怪的是雖然我對她們沒有感覺，但還是會拿她們和女友比較。」

「性方面的比較嗎？」

「不只。我會想像和她們一起生活的情況。」

我沒料到會得到這樣的答案。

大衛根本沒給我提問的機會，繼續說：「我當然想結婚。現在我的經濟狀況很穩定，朋友們也都結婚了，買了豪宅。我只想娶到最辣的女人、住豪宅。」

「我搭訕，證明我存在。」

大衛來我這裡諮商的次數多了，我漸漸明白他總是喜歡與身邊的人比較。他說過自己不一定會被搭訕的女人吸引，男人並非總是對追求的對象有「性」趣，有時也會熄火。

我認為大衛晚上和朋友們出去、比誰要到的電話號碼多，其實並不是為了女人，而是為了遊戲，為了面子。換言之，他沉溺女色是有社交目的，為了鞏固和男性友人的感情。

我料得沒錯。大衛告訴我，他有好幾個兄弟，家人個個都很優秀、很有能力。成長於這種環境的人，不是容易焦慮的完美主義者，就是可能因心理壓力過大而憂鬱，大衛就感覺壓力重重。高中時，他是學校美式足球隊的四分衛，如今他以同樣的策略思維在華爾街經營避險基金公司，每週工作八十個小時。

我也認識一些金融從業人員，有的人吸古柯鹼紓壓，有人則是找性服務。大衛似乎和這兩種人都不一樣，不過我還需要仔細地研究一下。

「我不喜歡花錢買性服務，」他說：「我只是喜歡追求難追的女人。」

然而對這樣的女人產生興趣後，大衛卻少了同理，或者說缺乏社交智慧，無法理解對方的感受。比如女人遇到「高、富、帥」對象的興奮感，面對值得託付終身的好男人時蠢蠢欲動；有的女人則希望引起對方的興趣，或許是因城市男女比例失調而焦慮，害怕錯過合適的人。

我想讓大衛稍稍了解他追的那些女人可能會怎麼想，讓他和她們進行「**換位思考**」。我將自己的椅子移近他，身體向前傾，強化我們之間的連結。

「如果和你閒聊的女人只是『**假裝**』對你感興趣呢？」我問。

聽到這個疑問，他露出似笑非笑的神情，顯然不相信我說的話。

「假如她只是因為你的錢而接近你，想騙你買東西送她、花錢帶她去玩呢？如果在酒吧裡，你們都是在演戲呢？」

聽了我的問話，大衛默不作聲。見他顯得侷促不安，我知道了答案。

他從未想過，一個表現得對他感興趣的女人可能並不是真正需要他。他想被人渴望。若感覺到女人需要他，他便認為這種欲望是真實的。**他的自尊就是靠這個信念支撐。**

「女人真正渴望你，這對你很重要。」我輕聲告訴他。關於這一點，他似乎剛剛才察覺，之前從未想過。

大衛開始變得激動，臉龐因焦慮和羞恥而泛紅，單手抱胸，另一手碰著下巴，眉頭緊皺，腳不時踩踏著地面。

我看得出來，他的自尊逐漸崩塌。對他而言曾經很重要的約會之夜，突然讓他滿懷疑慮。我傷害了他的自尊，但我覺得現在可以開始真正地諮商了。

你現在有什麼感覺？

我調整一下坐姿，然後低頭，不再看大衛，以緩解他的壓力。再次望向他時，看得出他流露一絲挫敗感。我的判斷果然沒錯，但我並未因此而產生成就感。

會談室的氣氛變得很沉重，因為我們倆的情緒很沉重。我感到體內升起一股暖流，很長一段時間，我們都沒有出聲，這是我第一次對大衛感同身受。

「你現在有什麼感覺？」我覺得氣氛太壓抑，於是先開口打破僵局。

「沒什麼感覺。」他突然提高音調，「我要走了，半小時後要開會。」

大衛迅速起身，氣氛即刻冷卻。

看著他離開，我知道自己應該設法留下他，但一切發生得太快，我根本來不及勸阻。

我很痛心，因為自己犯了一個錯。我接受過專業訓練，明瞭**當案主想要提前離開時，意味著他們在逃避什麼**，而此時我應該直接向他說明這一點。但我還沒來得及挽留，他就離開了，也不知道他會不會再來。

諮商回到原點

幸運的是，一週後，大衛還是來了。但他比約定時間晚了二十分鐘，而且沒有給我任何解釋——這也是一種抗拒諮商的典型方式。我很高興他能來，不過他動作慢吞吞的，似乎想要縮短諮商時間以避免更深入的交流。

此外，他又恢復先前那副優雅的翩翩公子模樣。他坐下來，對我說：「你今天看起來真迷人。心理師，你知道嗎？你真的很性感。如果是在別的地方遇到你，我會跟你搭訕。」

這次我沒有因他的恭維而飄飄然或感到受辱。大衛又開始調情，這一點在我的意料之中。**他這麼做，只是為了將自己的焦慮掩蓋起來，回到自己物化女性、獲取權力的「心理安全區」**。這是正常現象。他顯然覺得自己的真實心理狀態曝光了，因而恢復之前的樣子。現在我們又回到原點。

我不希望因自己是女性而被針對，只想獲得案主的尊重與肯定，希望案主覺得我的觀念和治療方法是明智的，對他們有用。每一次聽案主說「就是這樣」或「我的生活終於有改善了」時，就讓我很自豪。

不過，我很清楚自己在某些方面是有魅力的，我穿著剪裁合身的裙子、腳蹬高跟鞋，雙腿交叉坐著，眼神專注，說話的專業語調平緩、溫和。還在念研究所時，有位男教授把我叫去辦公室，建議我工作時別穿短裙配長靴，以免讓男案主分心（他是指我讓他分心嗎？）。我沒理他。我裝扮合宜，就像日常可見的所有年輕、專業的都會女性。我才不要穿著寬鬆洋裝或硬邦邦的西裝。我並不想誘惑誰，只是想要打扮得時髦。

唯有在會談室的案主面前，我才被視為性感尤物。我想若那位教授說得沒錯，男案主看到我會有反應，那不正是好機會？這反映了他們待處理的欲望及感情議題。也就是說，我利用男案主的「反應」，幫助他們認識自己與女性的關係。

諮商過程中，案主的言行反映了他們平日在社交場合的言行。他們以習慣性的交流模式與心理師進行溝通，這叫做「移情」；心理師為了幫助他們，也會採取相應的反應模式。而且大衛對我身體的關注和奉承，顯示「情欲移情」是他的一貫做法，與我的穿著打扮沒什麼關係。

對於來找我諮商的男性而言，我就是個女人；更準確地說，他們對女性的觀念是透過我養成。他們可能與伴侶、母親相處得很不和諧：儘管伴侶性感又迷人，但是對他們冷淡，排斥他們靠近；母親雖然養育他們，但隨時都會批評他們。有的男人會將我視作理想型女性，有的男人卻看不起我。**他們對我的反應，正顯示了他們心中最私密的想法。**我很留意他們對我的看法，也很關注他們希望我成為什麼樣的人。我是那種令他們失望的女人嗎？是他們得不到的女人嗎？是他們心中的「女神」嗎？

就拿大衛來說，他是否把我當成他想要征服的女人？

一步一步，探入問題核心

通常我會馬上指出情欲移情的狀況，不過這一次，我想忽略這一點，直接說明我所感受到的——**在他的行為背後的「真正意圖」**。

「記得上次諮商時，」我說：「你突然就離開了。」

「對，我要去開會。」

我並未質疑他的解釋，只是談我自己的感受，「上次會面，我覺得很不舒服。」

「我也是。」大衛很平靜地說。

「能具體說說你為什麼不舒服嗎？」

「我從未想過，我搭訕的那些女人可能也是在演戲。」

「明白了這一點，讓你最難接受的是什麼？」

大衛沒有理會我的問題，自顧自地說：「看到那些女人需要我，我很高興。」

我並沒有批評，而是肯定他說的話：「所以讓女人對你有渴望，對你很重要？」

「我想是的。」

「這對你來說，意味著什麼？」

「我不知道！也許在搭訕女人的時候，讓我的自我感覺良好。」

「所以你才對我言語輕浮？」

「我認為你很迷人，這有什麼問題嗎？」

這回我也跳過他的問題。「跟我這樣聊天，你的感覺怎麼樣？」我努力克制自己的聲音，看著他問。

「有時候會緊張，不過還在我的接受範圍內。」

「這麼說，你走進來，說我很性感，這是你跟女人往來的慣常模式。你很有自信，也很有魅力，但是，」我認真地說：「你高高在上，我覺得自己很難與你推心置腹地交流。我想，你和其他女人的關係可能也是如此。」

我說中了。「是的，」大衛平靜地說：「我女友也抱怨**我有事總放在心裡，不跟她說**。」

「你覺得她這句話是什麼意思？」

「我不知道。也許是說我不夠愛她吧，至少不像她認為的那樣愛她。這不就是我來找你的原因嗎？」

「再跟我聊聊妮姬吧。」

「我認為她就是我的真命天女。」

「你為什麼有這種想法？」

「我知道她愛我，也認為她會忠於我。她很辣，我實在不懂自己為什麼老去找其他女人。」

「自戀」的愛情戲碼裡，他是主角

大衛為什麼老是去酒吧找女人要電話呢？那些總關注自己多帥、女友多美和多性感、自己的車保養得好不好、買的房子夠不夠大的男人，我認為他們都很幼稚，很不成熟。我彷彿控制不住自己的情緒，很想再批評大衛一下，指出他言行膚淺，就像小孩。

我想像著大衛和朋友們在酒吧閒坐的樣子，他們都是大學畢業不久的年輕人，穿著卡其褲，平庸、無聊又乏味。最糟糕的是大衛還粗魯、無禮，竟然在我面前評論女友是「完美的衣架子，小腹緊實」。這顯然不是在誇她，而且說起這些時，他的語氣裡沒有半分欣賞的意思。我想批評他，並非出於道德感或是自己的拘謹，而是真的覺得他不夠尊重女友。但我也認為，也許能因此找到問題的癥結。

雖然大衛對妮姬做出這樣的評論，但我們沒有聊太多她的事。我更想知道大衛是怎麼和妮姬相處的、他們的關係如何，我想知道她除了忠誠和美貌之外的其他事情。

「我們會和朋友聚會，」他說：「會去酒吧，也會留在家看電視。我們常上床，她很棒。」

「是嗎？在床上，你最喜歡她哪個部分？」

「她十分忘我。」

「意思是？」

「她很放得開，也很享受。」聽大衛這麼說，我開始懂得許多男人眼中的「好情人」是什麼樣的。「她什麼都願意做。」他微笑著，撩人地看著我。

大衛又開始勾引我，那語調在等著我問「什麼都願意做」的意思。我不理會，反正他自己會告訴我。

「她會喊出聲、扭動身體，高潮很多次，而且我知道她不只是為了讓我開心才順著我。」他帶著防衛的語氣說，我想先前請他想像那些女人可能是假裝的，打擊到他了。「我覺得我很有一套。她讓我快樂，我知道她也渴望我。你還想知道什麼？」

我不想再知道什麼了，只想戳破他自大的面具，看看那浮誇背後的真面目。不過我也明白，若想與任何案主，尤其是他這種有「自戀」傾向的人建立正常的諮商關係，這樣做是不行的。**他無法了解女人的真正價值，這令我不悅，而這正是他所有問題的癥結。**

我真想以某種方式扭轉他的這種觀念——不是用棍棒，而是透過幫助他認清自己。我想從心理師的角度讓他真正明白女人的價值，為他創造全新的感情體驗。

為了讓他敞開心扉，接受更真實的自己，身為心理師，我必須附和他的自戀想法和行為。打破自戀者的幻想只會加劇問題的嚴重性。因此對於大衛自戀的想法，我都必須表示贊同，要跟他說我知道他為什麼這麼迷人、如此有魅力。若要讓自戀者尊重你，這招很管用。

但到了真得這麼做時，我又很難做到。他挑戰了我過去對男性的認知。以前我總認為男人痴迷於浪漫的愛情，大衛粗俗的言行卻讓他像野蠻的強盜，戳破我的浪漫想像，讓我的崇高愛情理想化為泡沫。他將女人視為「戰績」，如果有可能，他會將上酒吧釣到的那些女人製成標本，掛上牆。

事實上，大衛稱讚妮姬美麗又性感，與妮姬無關，而是關於他的自我肯定。女友身材好，讓他的自我感覺良好。她「喊出聲、扭動身體，高潮很多次」，讓他曉得自己是個好情人，能帶給她快感，所以他認為妮姬是需要他的。

「感覺良好」沒問題，不過他沒把妮姬包含在內。妮姬只是刺激他的工具，是他自導自演的戲碼裡，獲得他口頭讚賞的配角。我認為大衛太自我、太不了解女友，這才是他最大的問題。

不是想被愛，而是渴望「被需要」

在所有人際關係中，最難處理的便是「自我與他人之間的平衡問題」。**你是將戀人視為滿足你所有需求的對象，就像母親之於嬰兒？還是將戀人視為有自身需要、欲望的「真實的人」，認為雙方的施與受都是相互平衡的？**

我認為，大衛就是那種將女性視為滿足自己需求的人，不斷找女人。他需要獲得女人肯定，以為這就是「愛」，這使他快樂並引以為傲，否則便感到沮喪，覺得自己毫無價值。在他看來，只有犧牲奉獻型的女性和傻女人才會主動為別人付出。我也開始意識到許多男性私底下都有這種觀念，然而如果直接說出來，會引起他人反感。

我試著想像：假使一段關係剛剛開始時，雙方立下這樣一份合約，會怎麼樣？

> 我希望我想做的任何事，你都會幫我做。我希望你一直保持我想看到的那個樣子，我希望你是我的某種延伸。我希望我需要什麼，你就能給我什麼，而我不需要向你索求，也不需要教你怎麼做。我希望你給我無條件的愛，我希望你一直不求回報地對我付出，對我忠實如一。我希望你成為我的救世主、我的上帝，像我的父母一樣待我。如果你做不到，我就會憤怒、生氣，我可能會欺騙你、對你不忠或離開你，因為你沒有滿足我所有的需求。
>
> 附註：我一點也不想知道你需要什麼。

想像一下：第一次約會時，你這樣介紹自己，那會是怎樣的情況？

自戀者最大的特點就是不把他人放在眼裡。**「過度自戀」是對感情關係最大的傷害**，我要多花點時間來解釋這個現象。

雖然我認為很多男人都有自戀傾向，但我並不喜歡將任何人定義為自戀者。自戀是一種心態，一種病態地看待世界的方式。自戀者狹隘地認為世界因自己的存在而特別，認為世上所有事物皆為了滿足自己的欲望和需求而存在，他們的世界觀都不是以客觀現實為基礎所建立。這種觀念還會妨礙他們觀察別人，除了關注自我與想要的事物之外，對其他人的需求和願望置若罔聞。

在人際交往中，這種方式很有害——**因為看不見他人的需求，而將他人「物化」**。某種程度上，我們都會如此物化他人，這是現代人際交往的通病。這是「自愛」的對立面，讓人將自己牢牢禁錮於自我設定的枷鎖中。

大衛看不見別人的優點，自認比別人更優秀。這種類型的自戀，就是總覺得自己比他人更特別和優越。在他們看來，人是分等級的，有人等級比自己低，有人等級比自己高。他們見到別人時，會立刻在心裡進行對比，還會想：我必須變得更有錢、更美，我在任何方面都是最好的。即便成就非凡，這種類型的自戀者也都活在幻象中，因為他們總是在努力超過他人，對自己永不滿足；一旦超過他人、在他人面前有了優越感，就是與別人拉開了距離。

其實我們在人際交往中都有點自戀。在感情關係中，我也會將男人物化，但不是將他們當成欲望工具，而是我所愛的對象。

大衛的問題在於他太成功、太優秀，所以很容易自我膨脹。他尋求自我滿足的樂趣不斷被強化，外界的刺激根本無法讓他停下來。我還發現妮姬對他好、令他滿意，他卻不懂得感恩。

我需要讓他好好地檢視一下，自己為什麼要去酒吧找女人。

透過自戀，大衛獲得權力與安全感。我要探得更深，更溫和地去處理。

「我覺得自己很膚淺，很可憐。」

「我希望你明白，我向你提尖銳的問題是為了幫助你。」再次會談時，我對他說。這回我們仍然在聊妮姬的事。

「我還不習慣你這樣問我，」他說著，聳了聳肩，「讓我感覺祕密都被你掏出來了，但我討厭被人控制。我更喜歡主控。」

「你說你愛妮姬，但你們在一起的時候，你感受到的愛究竟在哪裡？」

「唉，我也不知道，」他嘆氣說：「就在這裡吧。」說著，他作勢往面前的空氣一抓。

對大衛來說，愛是一種抽象概念，是空洞的，沒有任何實質的構成。我以前也遇過這樣的人，他們這種想法讓我感到吃驚。為什麼人們那麼難感受愛呢？

「**是不是為了避免受傷，以及想在感情的發展過程中有掌控權，所以你才體驗不到愛？**」我問。

「你這話是什麼意思？我愛我女友。」

「也就是說，你知道什麼是愛？」

「嗯，我……」

大衛能夠回憶起與妮姬親熱的過程，但他並未體會到愛的溫暖和滿足感。相反地，他總覺得愛得不夠。

「你說過，她也愛你。但事實上從你說的來看，你似乎並非想被愛，而是希望被『渴望』。

你想要被需要，總覺得仰慕你的女人還不夠多。但是，**你需要的是誰呢？**」

大衛沉默了。我繼續說：「要想得到一個人，就要付出自己的感情，這樣你也能感受到你付出的愛。從你的故事裡，我還沒看到你付出過感情，你還沒有去『冒險』這樣做。**只有付出了感情，你才有能力感受愛。**」

大衛仍然沉默不語。

「你真正追求的是什麼？是愛？還是得到他人的認可和肯定？愛一個人……是需要勇氣的。」

「你這麼說真讓我生氣。」大衛雙手在胸前交叉，悶悶不樂地說。

「很好。你為什麼生氣？」

「我覺得很尷尬，覺得自己很膚淺，很……可憐。」

「真棒，」我說：「你終於讓我見到了真實的你，謝謝。」

「不、不客氣。」

「很好，現在我們可以真正開始諮商了。」

不敢相信自己值得被愛

又見到大衛時，他急匆匆地衝進會談室，一副非常痛苦的神情，平常酷酷的從容消失了，取而代之的是驚慌失措。他不再跟我調情，也不再閒聊。

「我覺得我女友對我不忠，」他大聲說：「但她不承認。」

「你為什麼會有這種感覺？」

「我翻看她的手機，發現有男人傳訊息說正在去她家的路上。訊息是凌晨三點收到的。妮姬說他只是普通朋友，是他傳錯了。我很生氣，所以回家拿起手機找號碼，看能找誰聊聊。」

啊，電話號碼——大衛的安全盾。他曾以為蒐集到最多號碼就能證明自己魅力非凡，這是他的「振作之鑰」。

「我打電話給某晚在酒吧遇到的一個辣妹，接通電話後，她邀我去她那裡過夜。」他的音調放低不少，「可是親熱的時候，我根本硬不了！」

我深表同情地皺皺眉。

「我一直在想著妮姬，」他說：「怎麼樣也無法專心。那個辣妹對著我一路吻下去，我的身體就是興奮不起來。」

大衛產生強烈的自我厭惡感，這也是讓他成長的好機會。他試圖以一夜情緩解遭背叛的痛苦，但終究逃避不了。如今他的心理防線完全崩潰了，他覺得自己不是個合格的男人，活得很失敗。我看著他，就像看著一個因無法融入團體而大哭的小男孩。

「因為心煩而興奮不了，讓你很生氣？」

「對。」他咬著下唇回答，然後又惱怒起來，「該死的女人！」

「你很憤怒。你似乎覺得很受傷，而且認為不能相信女人。」

「她們都是騙子。」他冷冷地回一句。

「但是你需要女人，你需要被愛。」我溫聲說。

「對。」說著，他露出極度傷心的神情。

「但**你不敢相信她們**。」我說著，抬起頭來，盯著他因緊咬下唇而抬起的下巴。

「我想這也是我有了女友，還要找一大堆女人的原因。」他說著，又恢復輕佻的模樣。

「這麼做能讓你有安全感嗎？」

「對，沒錯。我就是討厭獨處，極度厭惡獨處。我真的受不了自己一個人，會讓我很煩，所以我打電話給朋友，一起出去找女人。」

「所以，你不只是因為沒有人愛而感到恐慌，就連自己一個人待在家裡，哪怕只有一個晚上，你也受不了。」

「看起來，**我最受不了的是我自己。**」

「能說說這種感覺嗎？」

「我不知道。」他說著，聳了聳肩。

大衛從未審視過自己，所以根本不清楚自己內心的感受。不過，我不能就此打住，我必須幫他**找到做出那些行為的真正動機，這一點非常重要**。

「告訴我，你身體裡有什麼感覺？」

「我不知道。」他又這樣說。我繼續等。我可以給他提示來平息他的不安，但我必須讓他自己想清楚。最終，我的沉默讓他不得不做出答覆。

「我感覺……這裡……很空洞，」他說著，指指自己的胸口，「還有一種不安分的精力需要發洩。我的心沉到谷底……就像自己根本不存在一樣。我很恐慌，必須找一個女人陪，這種感受很強烈，讓我無法忽視。」

經過幾個月的會談，我終於等到這個突破口。這個回答很實在，我們終於找到了讓他做出不當行為的痛苦緣由。

「看起來，這種『**空洞感**』很強烈、很深。」

「對，所以我才老去酒吧釣辣妹或打電話找她們。」

「這樣做，幫助你克服了對孤獨的恐懼。你總是去找女人，讓她們表達對你的需要，這樣你可以麻痺自己。」

「但我不想和她們談感情。」

「是的，你避免與她們進行更深入的了解和交流。**那些女人對你來說就像一面鏡子，反映了你自己的價值**。沒有她們，你就不存在。」

「但有時候，這個過程還是滿有意思的。」

「我知道，你會覺得有意思、認為這樣還不錯。」我說：「找女人是為了讓你對自己更滿意，不過之後你就會感到失望，認為女人不可信任。你讓女人判斷你是不是可以愛的人。我還有什麼沒說到嗎？」

「我倒沒想到這些。」

「你這麼做，就是把自己交給別人。你想讓別人承認你有魅力，不過即便別人真那樣認為，你也依然不滿足。這樣做的結果是——**雖然你總是想努力獲得別人的愛，但你始終是個輸家**。」

「我從來沒有這樣想過。」

「要相信自己能夠去愛，你需要做什麼？」

我的身體稍稍前傾，以便拉近我們之間的距離。

「我要愛自己？」這回諮商居然得出了這樣的結論，他幾乎要笑出聲來。

「是的，這是讓你擺脫過去那種生活的好方法。如果你能打從心底感受到『愛』，那就沒必要從別人那裡索求愛了。」

「好的，心理師，我相信你。」

越想證明自己，反而離自己越遠

大衛自視甚高，但他也清楚我很容易就能戳破這一切。他不能再根據從事業、外貌、經濟狀況、家人和女人所獲得的讚賞及肯定，來建立自我價值觀。那些帶給他的支持並不長久。外貌會隨著時間流逝而變化，經濟狀況不會持續良好，女人也可能離開，這些皆非長久之計。**要讓自己過得充實，他必須學會『自我支持』，先接受自己、欣賞自己，然後不斷地自我探索。**

「那我應該怎麼開始？」他問。

「**不要考慮別人的想法，去找到你自己。**」我回答，「**尊重自己的『內在動機』，即使現在還不明白那是什麼也不要緊，可能是你正在做的事情。你要開始搜尋，努力找到它。**」

雖然大衛的自戀是有害的，但那不過是他在努力接受自己。他一直想找到一種能更安全地接近真愛的辦法，我則是讓他直面自己的恐懼，這樣他就不會再逃避。我想只要在我的引導下克服這些恐懼，他就能真正做好準備去迎接愛情。

這時是悶熱的夏季傍晚，下班後，我沿著街道往前走，路上滿是燈紅酒綠的餐館和酒吧。回到家，坐在公寓頂樓的舊沙發上——這是我最愛的冥想空間，我經常坐在這裡，俯瞰曼哈頓的風光。從高樓往下看，能讓我完全從塵世抽離，想著更多關於大衛的情況。現在我已平心靜氣，不再有想抽打這個「渣男」的衝動。我認為他真的準備好改變了。

如今他應該已領悟：過去，他認為玩弄女人讓自己感覺更好，但最終發現感覺更糟。對他而言，自愛也不容易做到，尤其是現在工作正順手，深得父母與同業讚賞，有個模特兒女友，還有源源不斷的女人投懷送抱……這些都讓他感到自己很有價值。

他努力向他人證明自己，而這恰恰讓他遠離真正的自我，獨自一人時，他便感到孤獨、空洞。

從輕佻到真實，終於「能夠愛」

接下來的幾個月，大衛逐步開始探索自我。

他認識了一些在布魯克林工作、有藝術天分的朋友，開始嘗試走出舒適圈。他告訴我，他會在聚會時觀察他們，想著：這些「貧窮又沒有魅力的人」，為什麼看起來這麼開心，這麼有活力？雖然他這麼說讓我反感，不過這表示他有了一項深刻的理解：這些「貧窮又沒有魅力的人」活得很真實，活出了自我，而他也從他們身上感受到從未有過的生機和活力。

我想起第一次見面時，他那沒有光彩的眼神，那時的他行為輕佻，精神消沉。如今，這種狀態在他身上消失了。大衛終於走出狹隘的自我禁錮，現在他會考慮自己真正想要什麼。

我讓他不斷地自問：「**我的自尊要我怎麼做？我究竟想要什麼？**」最終，他做出幾個重要決定。

他還沒有準備好結婚，也不打算買房子。他仍然在華爾街工作，但是與妮姬分手，搬去布魯克林區。閒暇時，他開始學彈吉他，不再去酒吧釣辣妹。他開始讀書，並且去博物館參觀。來找我諮商時，我們談論的都是他關於生活的新發現，雖然觀點並不新穎，甚至有些陳舊和老套，但是對他來說意義深遠。

大衛在我這裡諮商了一年多，我見證了他緩慢卻令人矚目的改變過程。剛見到大衛時的厭惡和恐懼已經完全消失，我也對他的改變感到開心。

像大衛一樣好色的男人，很容易被貼上渣男等侮辱性標籤，總被人批評和討厭。然而他們**沉迷女色的行為，其實代表他們對「愛、信任和被認可」的需求，而這些需求也可能促使我們每個人都做出非常不合理、不正常的行為**。

就這個意義而言，我們都和大衛一樣。

我不曉得大衛是否找到了愛，但我知道，他已經開始學著「愛自己」。

諷刺的是，我和大衛很少花時間探究愛到底是什麼，實際上，我們一直在探討「愛不是什麼」，一切總得有個開頭。就像大衛在我們第一次會談時說的，他「很有一套」，我知道他已經做好準備，變得「能夠愛」了。

然而對我來說，愛的考驗尚未結束。

「我和她們只是普通朋友。」

在佛羅里達攻讀博士期間，我認識了拉米。

當時我在餐廳兼差當服務生，每週有幾晚在那裡工作。拉米是老闆的朋友，也是餐廳常客，但我只負責點菜、送餐，對他沒什麼印象。

浪漫相遇，卻是反覆分合的開始

遇見他的那晚，拉米和一群朋友坐在我負責區域的一張大桌，他們輪流和餐廳的舞者跳舞，玩得很開心。後來我才知道他們是故意坐到那裡的。當時我很忙，在不同的餐桌間跑來跑去，收拾桌上的食物殘渣和喝剩的酒，根本沒發現他一直盯著我看。

餐後，他們在櫃檯搶著結帳，當我經過時，拉米突然抓住我的手，向我要電話。他沒有調情，也沒有恭維或奉承，就像個不會追求女人的男人直奔主題。他說話的語氣很友善，還帶著點急切，眼神也很有魅力，提問顯得很自然，很容易讓人卸下心防。

我真希望這浪漫的一刻能讓我心跳驟停，但並沒有。他讓我措手不及，而我心裡還想著：「十一號桌要重新上酒」、「廚房裡的雞肉可能已經好了」、「三號桌要結帳」。我從未和這個男人說過話，而他居然見了我一面就來要電話？真討厭。

然而，這一大桌人就代表我能得一大筆小費，而他們還沒結帳，所以我就當他是個普通客人，做出了回答，我不想讓他在朋友面前難堪。「當然可以，打電話到餐廳就能找到我。」我微笑著說，接著翩然離開。

第二天早上，我正在為中午的工作做準備時，拉米來了。「讓我帶你出去吃點東西吧。」他的語氣輕快而隨和，我認為拒絕這麼友好的邀請是愚蠢的。

也許是因為沉醉於拉米令人陶醉的微笑，我答應了他。

「很好，明天上午十一點來接你。」他說完便去和其他女服務生聊天，她們都很喜歡他。但我只覺得自己像被拱著買了一件不想要的東西。這是怎麼發生的？我好像不是個聽話的人，而且一向對拉米這種人沒有感覺。他至少比我大十歲，有可能實際年齡比我想的還老。

我看著他和我的同事們聊天，也花了點時間審視這個我一開始認為傻乎乎的人。

他又高又壯，黑漆漆的雙眼，下巴堅韌有力，有橄欖色的皮膚和一頭微染銀霜的黑色鬈髮。

他一看就不是本地人，久經世故，有點不像好人。我想像他喝高級威士忌、抽著雪茄的樣子——我得說，就像演《亂世佳人》的克拉克．蓋博、《阿拉伯的勞倫斯》的奧馬．雪瑞夫那些老電影明星一樣性感、迷人。

第二天在用餐後，拉米告訴我他的經歷和故事。他說自己在巴勒斯坦的難民營長大，如今擁有一處商業房產。他二十歲出頭移民到美國，現在四十歲，已經退休了，大部分時間都在旅遊，在摩洛哥和西班牙都有房子。

「我每年都要去幾次，」他說：「我有些朋友也在那邊有房子，會去那裡度假。」

我從沒接觸過像拉米這樣的人。

我的前男友放蕩不羈，開著舊式的大眾款汽車，平常走路可能不穿鞋。他待人溫和，個性可愛，我們交往了六年，但後來我覺得他更像哥兒們，而不是戀人，所以和他分手了。我比他更有野心，對未來有更大的規劃。我想和一個與他不同的男人約會，希望那個男人會挑戰我、質疑我，帶給我刺激。拉米為我的生活注入了新的活力，我很快便深深地迷戀上他。

拉米能給我比錢和英俊外貌更有誘惑力的事物，他能夠讓我冒險。我認為這對我很有吸引力，因為我從小家教保守，家人始終住在我長大的美麗南方小城。身為成年人，我現在能了解那種簡單生活的美好，但年少時，我總認為父母的生活圈太小。那時我熱愛遊歷，也許是小時候受到父親買給我的《世界百科全書》影響吧，我被書裡那些亞馬遜河、遠東地區風貌的照片觸動，即使長大了，對異國的熱情未減。

拉米和我來自不同環境，有不同的宗教和文化傳統。雖然不太了解我倆之間的不一樣，但我愛這些相異處。我有些盲目地迷戀這些文化差異，卻沒有思考：**相愛的兩個人最好有相似的背景。**

感情觀迥異，如何相守？

與拉米相戀後，某些朋友對我倆之間的文化差異感到焦急不已。但我覺得，這段感情像是為我開啟了通往陌生文化的神祕大門。

他為我打開的這扇門及門後的世界令我痴迷不已，但我的母親很擔心這一點。她說，我終會了解拉米和我不合適。她說我們「門不當，戶不對」。

出於對拉米的愛，我繼續美化這段戀情，將它包裝得光鮮亮麗，不想看到任何瑕疵。我不想讓任何事物破壞這份美好的愛。也許我們確實有很多差異，但一點也不重要。

交往四個月之後，他帶我去摩洛哥與他的朋友們聚會。

在一家燈光昏暗的嘈雜餐廳裡，肚皮舞孃妖冶美麗，鼓聲震耳欲聾。拉米和阿拉伯裔的美國商界朋友們經常來此聚餐，其中某些人在這附近也有房產。我們享用著美食，但令我吃驚的是他們居然找來一群年輕少女，最年幼的僅十三歲，大的也才十七歲。

這讓我非常不舒服，這是什麼買春團嗎？每個男人身邊都帶了一個或數個女孩。

我再也受不了，瞪著拉米，大喊出聲：「我要聯絡美國大使館！而且我要回家！」

他的朋友們聽見我說的話，像看小孩一樣看著我，為自己的行為找藉口。「我們是幫助這些女孩和她們的家人。」其中一人說。還有人開始誹謗這些女孩，說她們專門哄騙男人結婚。

拉米竭力安慰我，說他從未參加過這種活動。他努力想讓我冷靜下來，那一刻，我才真正認清拉米和我對「愛」的看法不同這個事實。

剛認識拉米時，他獨居，大部分的時間都和這群朋友聚會、一起旅行，像是某種中年男人聯誼會。拉米和他的朋友們都是享樂主義者，生活奢靡，沒有太多束縛。

其中幾個人喜歡故意激怒我，讓我與他們展開「哲學辯論」，我稱之為「偉大的愛與自由主義辯論」。「浪漫的愛有什麼意義？」「我為什麼要跟一個女人共度人生？」他們總是問我這樣的問題，好像想要弄明白一種相當荒謬的觀念。

他們確實不相信愛，有人將它視作幻境，有人則視為束縛。對這些人而言，唯一真實的就是物質享樂。女人僅僅是他們生命中的財富，就像美食和美酒。

起初，我懷疑他們對愛的態度與他們的文化本源有關，在他們看來，婚姻有時候就是利益交換的結果。我發現他們並不期盼獲得愛情和友情。但是從他們的經歷中，我也發現這群人是從小一起長大的朋友，也曾有崇高的理想和信念，然而為實現理想所做的努力使他們屢屢受挫，於是轉而出國經商。他們拋棄了以前高遠的理想與原則，以及對公平、公正的追求等等，認為「過去的理想很幼稚，所以還是好好享受當下的生活吧」。

現在他們仍然持著這樣的觀念，但我認為他們過得很空洞，也很壓抑，這令我非常震驚，他們自由又有錢，卻完全不像拉米和我過得這麼快樂、有活力。正因如此，拉米在兩種世界觀中左右為難，不知道該相信誰。

但拉米對我充滿熱情，不用我多說，他便相信我，讓我在這場「哲學辯論」中勝出。他的朋友們對我當然沒有好感，所以後來他帶我參加聚會時，他們都很不滿。對這些男人而言，我很討人厭。只要我在，他們就只說阿拉伯語，顯然不想讓我參與他們的閒聊。

我想智取，去書店買了一本《埃及阿拉伯語》字典，私下認真地研讀，這樣當拉米和朋友們交談時，我就能聽懂他們的意思。

這很不容易，不過好在我的記憶力還不錯。不管去哪，我都帶著這本字典，無論是搭地鐵還是喝咖啡，甚至刷牙時，我都會讀一讀。只要有機會，我就練習說，比如和住家附近賣伊斯蘭小吃的埃及人對話，搭到中東裔司機開的計程車，還用阿拉伯語告訴他目的地。

一天下午，跟拉米和他的朋友們在咖啡館時，我開始用阿拉伯語和他們說話。我不記得具體說了什麼，只記得他們露出震驚的神情，然後大笑，「她在說阿拉伯話，埃及的阿拉伯話！」

我不曉得原來有不同的方言，但還是勉強贏得他們的尊重，偶爾他們也會跟我說阿拉伯語。拉米決定教我他們用的方言，我倆常裸著身子，在床上玩單字遊戲。我覺得這種語言很有魅力，發自喉嚨深處的嗓音深富感情，貼近心靈。這種語言似乎並未限制我表達自己，我覺得自己比以前更加大膽，語言節奏和抑揚頓挫不拘一格，用它表露的感情似乎更深厚。我也認為男人低沉粗啞的嗓音傳達出的感情尤其性感、迷人。

有時我也擔心拉米的朋友們會對他造成不好的影響，甚至破壞我們的感情。幸運的是，拉米對我很忠誠，而且似乎也很享受和我一起在朋友面前放閃。

有一晚，他以為我睡著了，輕柔地撫弄著我的頭髮，低聲說了句「我愛你」。我也愛他，於是我看著他的眼睛，說：「讓我們毫無顧忌地相愛吧！放下心防，讓我們沉醉在愛中吧！」

這些話對我來說很重要。我認為**成年人的愛都是被層層包裹的**，我想要完全放開，不去考慮什麼安全感的問題，純粹地體驗自己的愛情。

我竟愛上有婦之夫！

拉米和我在一起後，餐廳裡的其他同事也都為他傾倒，會私下議論他輕鬆自在的生活方式，有一晚還聊起他的婚姻狀況。我很驚訝，因為同事說的和我知道的完全不一樣。

拉米跟我說他離婚了，我沒有理由不相信。他隨時有空，平常我也會去他那裡過夜，他家看起來就是典型的單身漢公寓。

不過，拉米在社交場合非常有魅力，他風度翩翩，而且總喜歡與別的女人調笑。我開始在意同事對他的評語。

有一晚，我們參加一場正式晚宴，我精心打扮了一番，感覺自己光彩照人。晚宴中，拉米認識的一位美麗少婦經過他身旁，他高興地從座位上跳起來，親吻她的臉，然後說：「我能送一瓶酒到你的桌位嗎？」他熱情而周到地為她服務，過了很久才回來。二十分鐘後，又來了一個認識的女人，他也照做。

我醋勁大發，一回到他家便責備他。「你居然和別的女人調情！」

「我只是向她們表示友好，這沒什麼吧？」

「你看起來認識不少女人呀。你是怎麼認識她們的？」

他聳聳肩。他還能說什麼呢？我繼續抱怨：「你知道嗎？我餐廳裡的女同事總是在聊你。」

「我和她們只是普通朋友。」

「但我聽到一些關於你的消息。」

他終於上鉤了。「什麼消息？」

「呃，有人跟我說你沒離婚。」

拉米搖搖頭。「絕對不是。我告訴過你，我離婚了。」

我直視著他的眼睛。

「是……是我們傳統下的離婚。」

「什麼？你這話是什麼意思？」

「是我們文化意義上的離婚，不是法律意義的離婚。不過都是一樣的。」他快速補充一句。
「那麼，你根本沒離婚？」
拉米露出悲傷的表情。「**我一直想告訴你，但總覺得還不是時候。**現在就告訴你吧，那場婚姻是出於商業考量，對我們兩家都有好處。你得曉得在我們的文化裡，婚姻不見得是因為愛情而締結的。我和她已分居六年，她現在在另一個國家生活。」
我感到快要窒息。真不敢相信他居然等我愛上他之後，才告訴我真相。他以前告訴我的都是真的嗎？我想叫他把那些話都收回去，然後重新做出保證，好讓我安心。
「你以前為什麼沒告訴我？」
「**我想過要告訴你，但是擔心你不理解。**」
「我從沒想過自己會愛上有婦之夫。」
「現在你知道了。**我只是想先給我們彼此一個機會。**」
「但現在我們已經沒有機會了。」
拉米急切地向我解釋，他和妻子都已同意離婚，只不過出於經濟因素才沒有辦手續。他和不同的女人交往，但從未跟誰維繫過太長久的關係，因為他並不想要長期的穩定感情關係。離婚後，他不斷尋找女人，一旦對方愛上自己，他便分手。
「**但你不一樣，**」他說：「**遇到你以後，我感覺第一次墜入情網。**」

我必須離開。我回家了，第二天就和他斷聯。很快地，我就要獨自去紐約展開實習生涯了。

第一次分手之後

我想住在曼哈頓，但獨自一人負擔不起房租，所以需要和人合租。我認識了一個年輕女孩蘇菲，我們同時到紐約，一起找住所。一位房屋仲介帶我們看了房子，但我們不太滿意，沮喪地回家。我有點緊張，因為我的實習很快就要開始了。

我登錄租屋網，找到一間在鐵路附近、有五間臥室的公寓，每個月租金八百美金。廣告上沒有照片，但我當時急著要租，就算沒有照片也打算租下來，便打電話跟蘇菲說：「我們租下這間房子，一起住吧。」

我將租金寄給轉租房屋的人，他說我可以搬進去，於是我獨自趕過去。公寓位於三十號街和第五大道交會處，是一棟多層樓的磚頭住宅。我上到五樓，敲敲門，一個男人開了門。他穿著一件不合身的西裝，黑髮濃密，我有點害怕。他用口音很重的英語自我介紹叫奈斯特。

「嗨，你以後就住這裡了。」他說著，帶我穿過小客廳。

客廳裡只有一張又舊又髒的沙發和一台小電視。再經過一段狹窄的昏暗走廊，就到了我的

「房間」──房裡空空如也，連衣櫃都沒有。

「有時候我也住在這裡……睡在客廳的沙發上。」他說，顯然是希望我不要介意。

奈斯特還帶我參觀他的小儲藏室，那裡只掛著他的三套衣服。最後，我們看了小廚房和通往消防通道的門。

一週後，蘇菲過來了，看到這樣的房子，她尖叫：「這是什麼鬼地方啊？」

包括我和蘇菲在內，一共有十個人住在這間公寓裡，男女都有，奈斯特偶爾也會在沙發上睡一晚。屋裡還有老鼠。這裡顯然就是我們的單身公寓，奈斯特只在房裡放了屏風作為隔間，既沒有牆壁，也沒有空調，骯髒又擁擠。我們只有一間廁所和一間公用電話亭大小的浴室，甚至沒辦法在浴室裡換衣服，因為空間太小了。

房裡沒有衣櫃，所以我們在邊角處安放了支架掛衣服，睡覺時，就在衣架下放個枕頭。我們買不起床，所有錢都用來買衣服及玩樂了。衣物扔得到處都是，晚上睡覺就像躺在大衣櫥的隔板上一樣。

不過，我們的房間有一扇大窗戶，晚上，我們會面朝帝國大廈，就著城市的燈光聊天──當然，我們也沒有窗簾。有時候，一位同樣分租的巴西人會和我們一起躺著，大聲說笑，他什麼話都跟我們說。我們來自世界各地，為了求學或求職來到紐約，希望闖出一片天。

從佛羅里達來探望我的朋友們問我，怎麼能忍受這樣的生活——在曼哈頓中心地段租屋，賺一萬二美元（這是我實習期間的年薪）。我告訴他們，整座城市就是我的客廳。我覺得自己像是電影女主角，過得真的很開心。

為了真愛，我願意冒險

半年後，拉米來了，他想挽回感情。他說他和妻子現在分住不同國家，也沒有復合的可能，兩人的關係只剩一張證書。他聲稱兩人在他的家族企業分別持有股份，從經濟角度而言，復合是不明智的。雙方「非法定的離婚程序」皆透過彼此的友好協商進行。

拉米又對我撒了謊，但我仍愛著他。我曾與他的朋友們就「真愛」這個主題展開激烈爭論，所以我也想冒一次險。

我們復合，重新展開浪漫的遠距戀情，他不斷討好我，以彌補從前對我的欺騙。例如有一晚我回到家，發現拉米也在，他在和我的女生室友們熱絡地聊天。他會突然來訪好給我驚喜，買來各種食物放在冰箱裡。

「這是給你們所有人的。」他說。

他會為我們做美味大餐，也總能逗樂我的女生室友們。晚餐後，他一個人躲進浴室，我過去一看，他趴著在洗浴缸。他還幫我洗衣服、收下洗好的衣服並摺好。

在生活上，我沒什麼好抱怨的，他一直都這樣做。當時我認為再也找不到像他這樣的男人。拉米很快便贏得我的女性朋友歡心，因為他表現得很真誠。他是有愛心、有保護欲又很體貼的男人。有一晚，我的朋友們在聊自己胖了多少、不喜歡自己的頭髮，還有該做怎樣的整形手術好變得更漂亮、迷人，拉米在一旁安靜地聽著，突然說：「嗯，無論布蘭蒂變成什麼樣，我都喜歡她。哪怕她突然變胖很多或斷了手，我仍然願意為她摘下天上的月亮。」

當信任有裂痕，愛變成了折磨

我向拉米保證一年內會回佛羅里達。我們的關係進展很快，不過有點反覆無常，生活充滿戲劇性，而我們陶醉在其中。

爭吵時，我會重提舊事：「記得嗎？那次我們去摩洛哥，在一個偏僻的地方吵起架，然後我跳下車，你就開車走了。還有一次，你因為我對別的男人微笑，把我一個人丟在餐廳裡。」接著我們會大笑，感到更相愛。但我也總擔心拉米趁我不在身邊時，和他那些朋友做出什麼事。

無論如何，我們盡量兩週見一次面，不是他搭飛機來看我，就是我去找他。

那段期間，我常感到困擾，腦子一片混亂。最好的閨密實在聽膩了我和拉米的事，搖搖頭評論：「要是再繼續下去，你們都會瘋掉。」

當時我沒想得那麼遠，不過靜心回憶，我總會想到當初他沒有告訴我婚姻狀況。這種刻意隱瞞讓我們的關係崩潰過一次，也讓我變得更謹慎。我不急著結婚，打算就這麼過下去也可以，但懷疑的種子早已種下，那一刻可能奠定了未來一切的基礎。

我不曉得我們是否適合繼續在一起，不曉得他是否約過別的女人。我分析我們關係好的時候是什麼情況，壞的時候又是什麼情況，並感到痛苦。

我把一切都寫入日記，遇到不開心的事便寫下原因，然後又自圓其說。

開始實習後，有時聽案主傾訴問題，我也會發一下呆，因為聽他們訴說總讓我想起拉米，也想到男人可能會做出讓女人不好受的事情。

即使離開辦公室，思緒也未曾停止。我開始列清單，列出拉米的優點和缺點，編了一套說法來告訴自己，希望藉此平復情緒。有時覺得拉米是好色的渣男，有時又覺得他只是對女性比較友善；有時認為他是精神錯亂的騙子，有時又認為他只是想吸引我注意，想要保護我，他的謊言也並非都那麼糟糕，其實只是想討好我，也滿可愛的。

我也為自己列了一份清單：我是不是只關注他糟糕的一面，而沒有看到他的好？會不會我才是讓自己頭痛的始作俑者？他很優秀，而我太瘋狂了……我想我該闔上日記去睡覺了。

問自己幾個「決定去留的黃金問題」

我想問自己一個簡單的問題，以平息心中紛繁的思緒，我稱之為「決定去留的黃金問題」。

曾在某個感情論壇看過這句話：「**他是替你的生活增添了活力？還是讓你的生活失去了活力？**」

這個問題引起我的共鳴，我的精神狀態時而飽滿，時而空虛。

母親問我：「**你喜歡和他在一起嗎？若要與他共度餘生，最重要的是你要真正享受他的陪伴。**」

有個朋友也問我：「**他會在經濟上給你支持嗎？**」

我也問自己：「**我和他在一起是為了愛，還是為了滿足我對愛的幻想？我和他在一起是為了愛情，還是為了滿足我的自我？我為什麼要和他在一起？**」

「女人到底想要什麼樣的浪漫？」

「我在一間安靜的地下酒吧認識了那個俄羅斯男人，我們坐在壁爐旁的角落裡，深入地談論有關烏克蘭言論自由的一本書。他自稱是外交官，但我覺得他更像個特務。」

這是我第一次見到卡莎時，她告訴我的話，當時她的男友艾歷克斯已找我諮商兩個月。卡莎是自由作家，來自捷克的她顴骨很高，眼如杏仁，黑眼線長至眼角，更添嫵媚。

卡莎熱情澎湃地描述她最近的邂逅。

「他深黑色的眼睛讓我沉醉不已，」她溫聲說，毫不停頓，「我提問時，總覺得他好像知道我想問的究竟是什麼。我不敢相信我們真的坐在一起，我猜，他應該能感受到我因為傾心於他而顫抖。

「他一定感受到了，因為他突然用手指撫過我的唇，輕柔地探進我口裡，阻止我繼續發問。

「我從未遇過這麼浪漫的男人……

「現在你明白為什麼我不願意和男友親熱了吧？」說完一段令人臉紅心跳的故事之後，卡莎輕聲地問。

啊，是的，我明白了。

卡莎的故事令我入迷，但我可沒有像她那樣陶醉其中，相反地，我很快便平復心情，重新開始會談。之所以沉迷於她的故事，是因為我發現卡莎與艾歷克斯說的完全不一樣。據艾歷克斯描述，卡莎一點也不想和他親熱。兩人交往三年後，艾歷克斯來找我諮商，說卡莎對他太冷淡了。他希望能讓她重燃欲望，兩人才不致變成女性雜誌寫的那種「無性關係」。

單獨會談過幾次之後，艾歷克斯便迫不及待地提議帶卡莎一起來。他絲毫不曉得卡莎有了別人，他覺得兩人的感情還算不錯。然而我卻知道，現實與他的感覺之間有一道巨大的鴻溝。

我之前很輕易地相信了艾歷克斯形容的兩人故事，也對卡莎背叛他感到不平，好像卡莎背叛的是我一樣。

卡莎的事情直接提醒我：**不能完全站在案主的角度去看待他們說的故事，不能將他們的一面之詞信以為真。**

浪漫的她，務實的他

我不想批評誰，但在見到卡莎之前，我本以為原因出在艾歷克斯的身材不夠性感。艾歷克斯是藥物公司的藥品開發研究員，穿著工裝卡其褲和領尖有鈕釦的襯衫，戴著金絲邊眼鏡，整個人看起來有點古怪。我想他應該是務實的人，具體時限、測量結果、精準數據、列點及有條理的方式，帶給他安全感。

說起卡莎時，艾歷克斯語氣堅定，但也顯得很緊張，很容易便看出他的焦慮。他老是調整眼鏡，手指不斷摩挲著褲子的皺褶，腿不停在抖，於是他蹺起二郎腿穩住自己。同時，他拿出筆記本和筆，像個好學的學生滿懷期待地等著我的反應。

我總是本能地想保護像艾歷克斯這樣的案主：他極為聰明，愛賣弄，只相信自己，完全是個書呆子，但又不冷漠，不會拒人於千里之外，待人熱情，很有親和力。他也許懂很多知識，但在愛情上，他無知而熱切。

艾歷克斯敞開心扉告訴我，他來找我是因為對我做過研究，知道我擅長處理女人的性冷感。我沒有否認，還告訴他，**女人對於性生活普遍有抱怨，但是並不會找心理師諮商。雖然與男人相比，在感到憂鬱、焦慮、面對悲傷或婚姻問題時，女人進行諮商的可能性更高，但談到性欲，她們總認為矜持是正常的。**

見過卡莎之後，我真不敢說他們有多了解對方，更別說對彼此有什麼歸屬感。他們完全是兩種人，但已經交往三年。

卡莎喜歡寫政論文章，想要變得更出名。她說她欣賞艾歷克斯的穩定，尊重他的才華。他知識廣博，既鼓舞她，也激勵她。她野心勃勃，他卻腳踏實地。他喜歡規律而穩定的生活，她卻求新、求變。

艾歷克斯和卡莎住在曼哈頓上西區（所謂富人區）的一間套房。在此之前，卡莎住在相對便宜的皇后區，她說那段時期對她而言很不安定，她時而自我懷疑，時而又對未來充滿希望。和艾歷克斯交往後，卡莎感覺他們融入了紐約文化裡典型的「外籍年輕知識分子」群體中，結識有趣的朋友，都熱愛文學、詩歌與政治。兩人每天早上一邊吃早餐、喝咖啡，一邊一起看《紐約時報》。

「激情」與「安全感」能否並存？

我想知道卡莎之所以受艾歷克斯吸引，「需要他」的成分有多大。對所有情侶和夫妻而言，這種「需要」在某種程度上普遍存在，而對於卡莎來說，我認為雖然來到紐約象徵她喜愛冒險和新鮮事物，但她也需要一定的安全感，以確保自己能去探索。艾歷克斯給了她安全感，但在適應了艾歷克斯之後，她需要更多、更大的刺激。艾歷克斯目前尚能滿足她，因此兩人還能相安無事，但**若要進一步發展，他們就要發掘更多共通點，共同成長，否則這段關係將無法維繫下去**。

艾歷克斯提議讓卡莎來見我。其實他希望兩人一起來，但我一如往常提出先單獨見見卡莎，好從她的角度來了解他們的故事。

果然，與卡莎見面時，她就把他們的感情故事都告訴我，還透露自己出軌的經歷。不過出於助人專業倫理，我必須替她保守這個沉重的祕密，小心翼翼地像她那樣呵護她的隱私。再次面對艾歷克斯時，我感覺自己是卡莎出軌的同謀。

我再次約卡莎會談，想要先評估她對這段感情的投入程度，然後再考慮是否將她出軌的事告訴艾歷克斯。

「是的，我想和艾歷克斯在一起，」她說：「但老實說我沒有那麼迷戀他。我想和他在一起，是因為知道找到了一個好男人，我可以相信他，而他對我也很好。但有時候我覺得在這段感情裡，他就像我的兄弟或好友，我想，所有愛情到最後都會變成這樣吧。」她說得很肯定，語氣卻滿是無奈。雖然她的態度有點玩世不恭，但難掩對於眼前感情生活的不滿。有意思的是，我觀察到面對悲哀的事實，人們會讓自己去接受現實面的殘酷。

「對啊，若事實就是如此，該怎麼辦呢？」我繼續問，想利用她的悲觀情緒再刺激她一下，**「如果激情會隨著關係進展而逐漸減少，那該怎麼辦呢？」**

「哦，天啊，那有多無趣啊！」卡莎說著搖搖頭，又轉了轉眼珠，「是的，我覺得很滿足、很安心，但生活缺乏熱度。我需要激情，不想要永遠都像現在過得這麼平淡！」

這是一夫一妻制的明顯兩難。卡莎不想在「安全感」與「激情」之間做出選擇，不過**我們終究得做出抉擇：究竟是選擇平淡？還是選擇激情澎湃的生活？**許多人不選擇激情，卻在婚姻之外去追求激情，以釋放生命力。然而，我不太確定這種矛盾是否真的存在。倘若存在，也許只是因為當事人做錯了選擇。

幾年前，我以「女人的性欲低落」作為博士論文主題，閱讀相關研究資料時，發現女性普遍有此情況，更驚人的是在少數仍沒有解方的性議題裡，這是其中之一。當時我沒有這方面的困擾，甚至不認同自己的研究，因為那時我正在和拉米熱戀。

曾聽別人說激情會逐漸消失，對我而言，這意味著靈魂的消亡。我無法接受戀愛的激情終將消失，若想有長久的穩定關係，就該放棄激情，轉而追求安全感。難道就沒有解方嗎？究竟是我錯了，還是現實本就如此？這讓我很好奇。也許我可以從自己的感情生活找到答案。

我決定先思考在自己的愛情中，我能做些什麼來維繫熱度，以免成為安全感與激情博弈的另一個受害者。**我要掌控自己的欲望，這是我自己的責任。**

有一回和拉米去摩洛哥，我帶了一堆講述女人性欲的資料（大部分是男人所寫），在路上好好讀了一遍。當時我們非常相愛，愛到彷彿失了魂。我既深愛他，又畏懼他，不想失去這段感情。我記得坐在他身旁，欣賞著他的唇形和說話時的齒間縫隙，彷彿迷失在他的俊美之中。我忍不住去觸碰他，撫摸他橄欖色的皮膚及濃密黑髮。我想深入他的內心，探索並占領他的心，想要融入他所有的記憶，讓他永遠忘不掉我。我想穿越回到他小時候，和他一起住在那個小村莊，一同挨餓，睡在他安身的難民營裡。

當時我們剛認識五個月，而我的研究生時光只剩最後一年。雖然我上課時一貫很專心，但那段時間很難集中注意力聽課，因為我總是忍不住想著拉米，回憶前晚親熱的情景，想像著接下來的約會。性愛如此美妙，讓人幾乎忘了一切。

經常想著拉米，讓我更渴望他。我知道自己能控制好，不讓這股渴望消退，保有高度熱情。

熱戀中的情侶自然做得到這些，但我能否隨時隨地有這份渴望，並且帶著如此的熱度看世界？我曾對拉米說：「你好帥。」他回：「我不帥，是你覺得我帥。」也許他說得對，感覺並非絕對。**男性往往會主動表達欲望，那女人呢？我能否也對拉米主動，而不只是被動地回應？**

我決定以自己的親密關係作實驗，觀察自己主動親熱的能力，效果還不錯。但也遇到阻礙，負面情緒、負面思考等等往往會造成影響。

「他不知道我是在假裝享受。」

在摩洛哥的旅途中，我讀到一篇文章〈性親密的矛盾現象〉：研究發現，「提升感情親密度」的婚姻治療策略反而會降低性欲。該篇文章並引用其他研究報告表示，「改善溝通技巧與關係品質」的伴侶治療技巧，有時反而會增加伴侶在性生活上的問題。

研究發現，**最和諧、最舒服的夫妻，擁有的激情反而最少。而距離感、新鮮感、危機感和掌控感有助於增添激情。**

對所有的長期感情關係而言，這可不是什麼好消息。

我從來沒將研究太當回事，因為讀到最後，總會看到各種相互矛盾的結論。但我不禁想：這些研究可否運用於艾歷克斯和卡莎的諮商？他們相處時是相互平等的，這段關係似乎讓兩人覺得很舒服，很適合彼此，不過卡莎還想要更多激情。這種新鮮的冒險感是讓她投入其他感情的緣由嗎？我想知道她究竟想找什麼，以及這種被我們稱為「激情」的感受，究竟是由什麼構成。

「跟我說說你和艾歷克斯親熱的情況吧。」我說。

「一開始也滿有熱度的，但我們現在很少了，非常少。」卡莎用大拇指和食指比畫了一下。她認為艾歷克斯溫柔、多情，兩人的親熱是「制式化」的，但有很長一段時間，她都不介意這些，因為她有被愛的感覺。「他會深吻我，看著我的雙眼、抱著我。他溫暖的懷抱讓我很有安全感，很滿足。」

卡莎說著，皺起眉頭。

「那麼，有什麼問題？」

「但時間長了以後，我發現他比我更想親熱。我只想要一週一次，但他每晚都要。一整天工作下來，我覺得好累，想早點睡，他卻想親熱。」

「這讓你有什麼感受？」

「老實說很火大，只希望他快點結束。起先還好，可是後來我表現得不大想要，他還是不放棄，我就冷了下來。現在已經完全沒有興致。」

「在不想親熱的時候答應他，不就變成了履行義務？」

「我覺得應該讓男人開心，他才不會去亂搞。」她反駁。

「你覺得你在不想親熱的時候配合他，會讓他開心嗎？」

「當然。他一無所知，不曉得我呻吟、扭動……都是裝出來的，必要時還會假裝自己到了高潮，反正沒什麼傷害。」

「性孤獨」，是關係疏離的第一步

對卡莎而言，這樣做很合理，但我知道這會讓男女**雙方陷入「性孤獨」之中，這是關係疏離的第一步**。當親熱變成「義務」，那它就變成一項雜務，是日常的例行公事之一。情況好的話，你或許不會介意；一旦情況不好，你會感到厭惡，哪還有什麼自然的享受。

卡莎和我說話時帶有優越感，表現得很自信，好像要讓我了解一些兩性的傳統智慧。她不曉得**女人單純「配合」的表現，男人能夠察覺，也會因此受傷**。事實上，艾歷克斯說在過去一年裡，卡莎親熱時總是心不在焉，吻得很敷衍、不耐煩，觸碰是僵硬而機械的，眼神空洞，還有她在家時很邋遢，但上班打扮得很性感。雖然卡莎作戲投入，卻缺乏溫度。

艾歷克斯很想要取悅卡莎，然而越努力，卡莎越沒有興致，他的挫敗感就越大。

他渴望從卡莎身上找溫暖，卻被認為性欲太強。他感覺到兩人漸行漸遠，以為自己被卡莎嫌棄，於是在親熱時草草結束，反而更令卡莎不滿。

「就像木偶一樣，」艾歷克斯這樣告訴我，「她看起來很享受，但沒有真正投入其中。」艾歷克斯對此感到憤怒，卻從未讓卡莎了解他內心的掙扎，認為這只會讓他們的感情狀況更糟。當他無法忍受自己心中的不安全感時，就來見我了。

「你認為這樣沒有傷害到艾歷克斯，是嗎？」我問卡莎。我真想讓她知道艾歷克斯識破了她的偽裝，但我沒有這麼做，只問：「這種遊戲對你造成什麼傷害？」

卡莎微微一笑，不好意思地低下頭，沒有回答我的問題。這讓我了解，無論她在艾歷克斯面前如何作戲、表現得多熟練，無論她有多美，其實她在身體方面都缺乏自信。她在艾歷克斯面前的表現都是裝出來的。

「假裝投入，你不覺得無趣嗎？」我問。

「我跟那個俄羅斯人在一起時才不會無趣。」她說。

我沒有問她最喜歡和俄羅斯人在一起做什麼。那個男人聽起來天殺的性感。

「你覺得，你是和那個俄羅斯人在一起時更性感，還是跟艾歷克斯在一起時更性感？」

「當然是跟俄羅斯人在一起的時候。」

「我懷疑你說的。為什麼和不同的人在一起時，你對自己的感受會不同呢？」

卡莎並沒有給答案，其實這個問題確實沒那麼容易回答。事實上，她與俄羅斯人之間的故事，讓我肯定了自己對她的判斷：卡莎並非堅定、自信的女人。「你知道嗎？當你和俄羅斯人在一起時，你是順從他的；跟艾歷克斯在一起時，你是被動的。那麼在這個過程中，『你』發揮了什麼作用？」

其實我問的問題是：**「你把自己放在什麼位置？你想要的是什麼？」**

「我當然有用！」卡莎反駁，「我讓俄羅斯人想要得到我、讓艾歷克斯關注我。」

「你說的是你想獲得『別人』的肯定和認可，而不是說『你』發揮了什麼作用。」我說：**「你知道你想要什麼嗎？你知道你需要什麼嗎？你知道你渴望什麼嗎？你知道怎樣能讓你興奮嗎？」**

聽到我的問話，卡莎沉默不語。我靜靜地等待。我希望她能夠坦率地回答，而不是抱著戒心，沮喪不語。

終於，她回答說：「我不知道。」

這正是我希望她明白的：「她什麼也不知道」。是的，她很會裝作有魅力的樣子，並且相當了解男人想要什麼，卻不明白「自己」想要什麼——她想要的是被人需要，而且是不用付出太多，別人就需要她。這更是一種感情上的需要，在長期性欲低落的女性身上很常見。以性吸引力培養自信是有效的，不過也只是短期收效，這種有效性無法持久。我想讓卡莎思考一下：除了能證明自己有魅力，還有什麼能讓她興奮？而首先她應該認識到，「她不知道自己想要什麼」。**「了解你想要什麼，就是讓你掌控自己。」**會談結束時，我說：「**『明白自己不知道想要什麼』是一個良好的開端。**下回諮商，我們就從這裡開始。」

卡莎看起來有點惱怒，又有點困惑，還有點挫敗。她絲毫不懂這個「性動機」的概念是什麼意思。但是，我知道她會回憶我們的對話，然後判斷和分析。她很擅長分析，但我擔心與俄羅斯人的激情會使她盲目。

你真正想要的是什麼？

我不想因為卡莎享受自己的性感和美麗而打擊她，相信我，我很欣賞美貌又性感的女人。事實上，當女人覺得自己性感、對自己感到滿意時，會更想要享有激情。不過，卡莎的這些風流韻事讓她更自戀，她極度渴望獲得肯定，這妨礙她發現背後的「其他動機」。

卡莎知道男人想要什麼，所以她打扮得十分性感，享受著男人的注目。但是，按照普通男人的喜好而裝扮性感的女人，並不是真的性感，就像虛假的廣告：她看起來性感、魅惑，一旦跟男人在一起便表現得清高，戴上墨鏡，不理男人，並且希望自己看喜歡的電視節目時，男人別來搗亂，一旦男人過來就讓她很煩。

為什麼會這樣？因為一開始，她只是把自己「打扮」得性感，就像演戲一樣，而演戲是很累的，人不能一直演戲，所以最後她只會放鬆，「做自己」。

艾歷克斯明白了卡莎的問題，我也明白了。他知道自己和卡莎之間缺了點什麼，因而自責。不過，即使解決了他的疑惑，問題也只解決一半。即便是與俄羅斯人在一起，卡莎也沒有表現出真實的自己。我們都知道，人有一種與生俱來的敏感，能夠敏銳地察覺到不真實的感情——嬰兒知道母親不開心，我的案主們知道我沒有專心聽他們傾訴，脫衣舞並非總能讓男人興奮（真的，因為他們清楚那只是表演，在大腿上跳舞的舞孃表現出興趣才會使他們興奮）。

我總是問案主：「**你真正想要的是什麼？**」這個問題，他們通常都很難回答。大部分的人不知道該怎麼回答，這意味著我們必須好好地深刻了解自己。但最終我還是希望讓他們知道：長久的「愛」和不太容易長久的「激情」之間的差異，究竟是什麼。愛不是一場表演秀，不是虛幻的東西。令人詫異的是，許多人追求激情，卻不懂得愛究竟是什麼，因而壓抑內心的愛。

卡莎並不清楚自己的感情傾向，因為她太享受因感到被需要而產生的自尊。激情的確能夠滿足人的感情需求，但它不只帶給人精神上的享受，也能讓人產生生理的享受。我想幫助卡莎找到激情，因為那是一種重要的生命驅動力。

卡莎並未意識到自己有權要求並享受歡愉，關於這一點，我們女性不妨向男性取經。這個社會讓男人視此為理所當然，但與一般以為的不同，在我的案主們看來，當伴侶打破常規、不只是被動地接受一切，反而更能激起他們的熱情。他們喜歡伴侶清楚自己要什麼、並提出要求，期待伴侶明白自己的能力、享受過程。**女人要認清自己、知道自己要什麼，不依賴男人，而是「為自己所要的負責」**。

你做了什麼來吸引她？

雖然卡莎來找我諮商過兩次，但她並非我的正式案主，艾歷克斯才是。我懷疑艾歷克斯現在的處境很糟糕。起初與卡莎的親熱變得形式化，而後越來越失去熱度——這是誰的錯？我想起以前向母親抱怨生活無聊時，她說：「你覺得無聊，是因為你自己就是個無趣的人。」

為了讓自己不無聊，你必須為你的快樂負責，激情也是如此。**艾歷克斯和卡莎都必須為經營關係付出努力**。艾歷克斯不知道該做什麼，卡莎則希望伴侶能帶給她歡愉，但她自己不去創造，這樣一來，可憐的艾歷克斯自然比不上那個俄羅斯男人。

「我覺得卡莎不愛我了。」一天，艾歷克斯對我說。從剛開始諮商時對感情堅定不移，到建議我見見卡莎，這段期間，他改變了很多。現在他就像在懸崖上，看起來很挫敗，擔心失去卡莎，我也替他感到難過。

「我們依然是最好的朋友，仍然對彼此深情，但我們之間沒有激情了。原本她睡覺時只穿內衣，現在變成T恤和短褲。對我，她完全沒興趣，也不再誘惑我。她——」

我打斷他的話。「那你做了什麼來吸引她？」我還把我母親說過關於無聊的話告訴他。

「呃……我努力讓她到高潮。我問我能為她做什麼，但她什麼都沒說。永遠是這樣：我吻她、愛撫她、撫摸她，讓她到高潮，接著我們才真的做。」

艾歷克斯承認他買過很多自助書，學著取悅女人，卻不明白為什麼他越嘗試，卡莎越不感興趣。我不做評論——難怪許多女人都忍受著單調性愛的痛苦折磨。

「我聽得出，你真的很想取悅她。」

「是的，當然很想。」

「但你認為取悅她就是讓她有高潮？」我希望他能聽出我話裡的諷刺意味。

「我很想讓她舒服，她應該感到開心，不是嗎？」

「但這不只是女人有沒有高潮的問題。」

艾歷克斯露出了解的表情，但其實沒有真正理解。

「你是帶著『目的』在進行，」我繼續說：「我希望你能丟掉那些從書上看來的技巧。衡量你們的親密度不是在做計算題！」

艾歷克斯不自然地笑起來。

「你應該**關注『過程』**！就像跳著親密之舞，你們是舞伴，在過程中的儀式和互動才能讓你們真正感到興奮。」

「讓我們看看你到目前為止所做的。」我接著說：「我在想，你取悅卡莎的方法不夠到位，反而顯得太卑微，太過於討好。」

我發現我的男案主們都是這樣的：學到了一些技巧，但沒有自我控制能力和勇氣實踐。

「嗯，」過了一會兒，艾歷克斯才說：「可能是我不夠性感吧。」

「你平常會怎麼對她放電？」

「我想我不覺得要特別對她放電。對我來說，那太麻煩了。」

「太麻煩？」

「如果她愛我，該發生的就會發生。」

「並非如此，艾歷克斯，無論友情或愛情，你都應該花費心力去維持。你對她很好，但這只是把她變成你最好的朋友。你弄錯了最重要的一點：你不只是卡莎的朋友，你必須成為她的『玩物』。」

「玩……什麼？」

「是的，你沒聽錯，你應該成為她的『玩物』。」我重申。

我知道有人可能無法接受這個帶有服從意味的用詞，但撇開人格或政治意涵不談，兩人親熱時，這是必要的。我希望艾歷克斯讓自己變得更性感，這能使他成為很棒的伴侶。

「卡莎不只是你的朋友，」我說：「她是你愛的人。」

「我愛她，也想要她一樣愛我。」他說。

「我不是這個意思，」我說：「**她是你的『愛人』。**」

點燃激情，翻轉一成不變的生活

我想起佛洛伊德的理論：戀人對彼此的感情太投入，會將對方看作家人，而不是愛人，如此他們便不再對彼此有情欲。

我想教艾歷克斯一種新的感情關係處理模式，改變他與卡莎的親熱方式，重燃他們的激情。

也許「心像練習」會對艾歷克斯起作用，能夠讓他不再那麼焦慮。根據經驗，在陪伴案主時，我不能把自己的性幻想意象強加給他們，而是必須讓他們自己體驗。

「我們來看看你應該如何因應現在的感覺。擔心失去她時，你的身體有什麼感覺？」

「我的胃在緊縮。」

「你能夠將這種焦慮感轉化為激情，變成對卡莎的強烈渴求嗎？」

艾歷克斯聳聳肩，顯然不太確定。我要他閉上雙眼，問他有什麼感覺，是否想到了什麼。

「很難過。我希望能留住她。」

「好的，盡情發揮想像力，想像一下該怎麼透過你的熱情留住她。」

「我想……想把她留在家裡，這樣她就不會離開，她就只屬於我一個人。」

「很好。你要怎樣讓她不離開你？」

「我可以把她綁起來。」

「很好，繼續。」

「我要把她綁起來，讓她發誓她只屬於我，然後跟她親熱，不斷親熱。」

「你會讓她取悅你。」

「是的，我會盡情享受這個過程。」

我問艾歷克斯，這項練習讓他感覺如何。「我覺得全身著火。」他說。很好，我讓艾歷克斯繼續想像，將他的恐懼感全部化解，轉化為自我的能力感。接下來的幾次諮商裡，我都抽出幾分鐘讓他做訓練，並要求他自己也進行訓練。後來，我還出了一份「回家作業」。

艾歷克斯一向好學，可塑性很強，因此指導過程很順利。我擔心自己的策略不會成功，這的確是種冒險，因為如果卡莎對那個俄羅斯人很感興趣，那麼她可能沒準備好點燃對艾歷克斯的激情。但我知道她希望留在艾歷克斯身邊，所以我認為還是值得一試。

我告訴艾歷克斯，晚上回家後，他應該發揮想像中的激情。「比如，你將卡莎的雙手扣在她身後，讓她側躺，在她耳邊低語，跟她說你非常愛她，你想俘虜她、擁有她，跟她說她很美，你只想要她屬於你。身體摩挲著她，從她身後撩起一撮頭髮，和她熱吻，接著停下來，讓她對你產生渴望。」

我從未給案主如此詳盡的指導，但我知道應該盡全力幫助艾歷克斯。我希望利用他對卡莎的熱情，讓他把握機會，**不光是嘴上說，而是實際去創造點燃激情的機會**，改變他與卡莎一成不變的生活。

當然，更重要的難題是：要教會一個男人變得性感，有可能嗎？關於性治療，大多是傳授特定技巧以解決身體功能的失調，不過我從事的是「性諮商」，並非實務技能，我是想幫艾歷克斯建立一種全新的態度。這完全是我主觀的想法：他真的能夠向卡莎展現性魅力嗎？

離開會談室時，我高興地想像著艾歷克斯回家後會怎麼做，迫切想知道成果。我相信，這次一定能成功。

表達自己真正的欲望

隔週，艾歷克斯來了，我問他「作業」完成得如何。

「我沒有做。」他說。

聽到這個回答，我的第一反應是檢討自己：我是不是太急於求成了？也許這反而讓他更焦慮，使他遭到卡莎的拒絕。但即便遭到拒絕，我也不認為是不好的。**成長需要面對焦慮**。我發現對於來諮商的許多案主而言，「作業沒完成」反而會因為別的緣由而成為好事，讓案主發揮潛能，有助於清除他們真正需要解決、隱藏在潛意識中的問題。

「我想到很多好辦法，」他說：「不巧卡莎近來忙著工作，經常不在家。回到家時，她很累，直接去睡了，所以我沒有機會依照你說的做。」

「但至少你產生了幻想。這種幻想對你有什麼影響？」

「我很緊張，但還可以應付，這讓我換個角度去考慮和卡莎的親熱情況。」

「幻想的內容有特定主題嗎？」我這樣問，是想確認他不會做出暴力性或傷害性的行為。

「我想知道『自己想要什麼』。我發現在絕大多數情況下，我都只考慮卡莎要什麼，所以我一直在想像她是怎樣取悅我的。」

「這讓你有什麼感受？」

「從某種程度來說，我覺得更有自信。」

「那還有什麼問題嗎？」

「不再只想著如何取悅她，讓我不大自在。」艾歷克斯調整姿勢，想在沙發上坐得舒服些，「我帶著那些性幻想上床，看到卡莎時，雖然沒打算做什麼，但我還是僵住了。我很焦慮，因為我將要做出的行為跟平常太不一樣了。她會怎麼想？我不想讓她覺得我在演戲。」

「這很重要，艾歷克斯。但問題是你以前的確是演戲，而現在你努力表達自己真正的欲望。」

「聽起來很奇怪。」

「讓你感覺自信的那一部分，」諮商快結束時，我說：「我希望你能不斷回想那些內容。」

僅憑激情，無法判斷女人是否快樂

如何才能讓艾歷克斯不再去想卡莎要什麼？那樣一來，卡莎會怎麼看他呢？他總是把卡莎放在第一位，而我希望他能先考慮自己。當然，她可能會詫異他怎麼了，或許不會馬上回應他，或者根本不回應。但如果艾歷克斯不能克服自己的恐懼心理，總認為自己沒有機會做出改變，他們的關係可能會終結。

我很驚訝，我有許多男案主都因為太想滿足女人而焦慮不已。在一定程度上，我相信男人真的在意女人是否快樂，以致忘記了自己是否快樂。但如果僅憑激情判斷女人是否快樂，那是不對的。問題在於，男人總想知道該怎樣取悅女人，而女人卻總是糾結是否要接受男人的示好，真是夠矛盾的。

之前，有位閨密說她在和一個律師約會。那個律師工作時雷厲風行，但跟她在一起非常拘謹，所以兩人親熱時，總是她主動，他則僵在那裡一動不動。「這傢伙究竟是怎麼了？」

艾歷克斯有一種急切地想取悅卡莎的過度需要，我必須找到方法，幫他建立自信心，以緩解他的焦慮感，同時幫助卡莎重燃激情。卡莎之所以失去熱度，絕對與艾歷克斯有關——他夜夜想親熱，是因為擔心這段感情會破裂，他需要獲得肯定和保障；卡莎的順從顯然代表她仍然需要他，但他太頻繁地索要，反而讓她失去興致。

有時候想到這些，我會感到厭煩。性需求應該是簡單而自然的，我們為什麼要去探究其中的動機呢？性就是性，就是那麼簡單啊。

但事實上，**說到欲望，一點都不簡單。**

重新開始探索感情需求

幾週後，我全身濕透地抵達治療所，因為買的雨傘太廉價，被風吹得完全翻過來，我淋成落湯雞。查看手機，發現卡莎傳來語音訊息，問我現在方不方便接受她諮商。

她仍然不是我的正式案主，但我需要弄清楚她對艾歷克斯的感情，才能考慮讓他們一起接受諮商。我請她在午餐後過來。

「今早上班時，我收到一個包裹，」她告訴我，「裡面就是這件黑色小禮服，還有這張小紙條，邀我今晚八點去四季酒店。包裹上沒有名字，但我確信一定是那個俄羅斯人。我該怎麼辦？」

「你的第一個反應是什麼？」

「充滿期待，很興奮。我大搖大擺地在辦公室晃，感覺比在電腦前工作的同事們更優越，因為我有個性感的小祕密：一名強壯的神祕男子邀我約會。」卡莎盡情發揮著作家天馬行空的想像力，「一整天我都在想該怎麼打扮、戴什麼首飾，今晚又會怎麼度過。」

「但你仍急著來見我，這是否表示你還是不太想赴約？跟我說說你為什麼會感到矛盾吧。」

「我真的愛艾歷克斯，」她說著，突然眼中泛淚，「我開始覺得有罪惡感。他就是我想要的男人，我很喜歡和他聊天、有他作伴，也感覺得到他很愛我，很傾慕我。他是我最好的朋友，我害怕失去他。」

「但你需要激情、刺激和冒險。」

「是的，我們曾經有過這些的，不曉得究竟是怎麼了。我無法想像沒有激情的生活，所以……」我聽出她話裡的轉折，「所以我想和艾歷克斯分手。」

「激情、刺激和冒險，的確能帶給人活力與生氣，」我說：「俄羅斯人喚醒了你的激情。他的攻勢強烈，甚至讓你開始質疑一段你感到十分充實的感情。」

「那個俄羅斯人真性感，」她嘆氣說：「為什麼跟艾歷克斯在一起，我沒有這種感覺呢？」

這個問題太棒了。我終於找到機會切入，要卡莎暫時別去想艾歷克斯和俄羅斯人，先不探究刺激她熱情的外在因素，而是問她自己能做到什麼。「你能夠主動創造激情嗎？」

「當然，我很性感。」她堅稱，好像我的問題很荒謬。

「你看起來很性感，」我說：「表現得也很性感。但是和艾歷克斯在一起時，你是被動的；跟俄羅斯人在一起時，你很順從。你究竟想要什麼？」這個問題我問過她，如今她認真聽了嗎？

卡莎仍然沒有回答，她看著我，像是要我給她一個答案。

「你不知道自己想要什麼，因為你迴避了自己的感受。此刻你不曉得該怎麼做，其實就是內心在提醒你。」

「那我該怎麼做？」卡莎哽咽著低聲問。

「你要重新開始探索自己的情欲需求。艾歷克斯是最好的選擇，但**你需承擔這個選擇帶來的風險，面對這種關係的不確定性。你必須關注自己的內心。**」

激情是能量，是我們內心都有的渴望

我認為增強激情的四要素，也就是前文提及的距離感、新鮮感、危機感和掌控感，都只是簡單的刺激物，能讓人短暫地保持興奮，確切地說，就是腦中分泌多巴胺的結果。適度地釋放多巴胺會讓人感到愉悅，而且即便在釋放過後，仍然能感到愉悅。激情四射卻沒有安全感，欲望也同樣會減弱。

身為心理師，在出作業時，我始終想讓案主保有「安全感」與「激情」的平衡。案主們也抱怨，有計劃的約會和製造激情，這些作業都太照本宣科了，有人不願意做，有人做過一次就不再嘗試。我尊重他們的感受，因為他們已經受夠自己的裝模作樣。他們想要自然而然的激情，而方法就是自己創造機會，最重要的問題是：如何才能自然而然產生激情，尤其是我們還受到文化背景所約束？

激情並不像卡莎認為的只與外表有關。**激情就是能量，是我們內心都有的一種渴望**，並不只因看到帥哥美女而起，也不是由愛神或神祕莫測的俄羅斯男人而生。有時別人只是看我們一眼就點燃我們的熱度，一旦感受到或看見相關場景，我們自然明瞭。欲望的力量比實質的性愛效果更顯著，賦予我們激情、創造力和活力。然而，我們本能而發的激情是脆弱的，很容易因感情、文化和感受而受限、遭忽視或減弱，最後使人激情不再。

我發現**激情的培養需要過程**，不只是兩個人在一起就可以。**這也是我們認識自己的過程，是一段自我成長之旅。**

電影《落跑新娘》有個場景，女主角總在尋求他人的讚賞和認可，所以她只要和誰在一起，就會依照那個人的方式點餐。後來她發現她從未真正追求過自己想要的，因而總是從現有的生活中逃離。最後，她自己做了一桌蛋料理，坐下細細品嘗，看看自己究竟喜歡哪種口味。這就是「自我探索」的開始，也是卡莎需要做的。

卡莎很興奮地離開了，不過她心裡還不太確定要不要赴約。後來她以富文采的話語向我描述這次約會。

那晚八點，她準時抵達四季酒店，頂上的水晶吊燈光線柔和，照在她合身的黑色小禮服上。她的赤褐色長髮垂順披肩，眉目含情。酒店裡原本人聲嘈雜，但在卡莎環顧四周尋找俄羅斯人時，大家紛紛向她行注目禮。突然，她停下腳步，所有人都安靜下來，她只聽見自己的心怦怦亂跳的聲音——那邊有個男人靠著柱子站立，身穿筆挺的黑色禮服，手持酒杯，卻不是那個俄羅斯人，而是艾歷克斯。

「你真美，我很開心。」她剛走過去，艾歷克斯就開口，並遞給她一把鑰匙，說：「你先去樓上吧，我隨後就來。」

進入房間後，卡莎發現床上居然有個盒子，裡面放了件美麗的性感內衣。她一邊慢慢打開，一邊想著：是艾歷克斯，而不是那個俄羅斯人，令她吃驚的是，心頭居然湧過歡樂又輕鬆的暖流。那時她才了解，她和俄羅斯人的相處方式，正是她想與艾歷克斯嘗試的相處方式，也是她想努力做到的。

她褪下禮服，換上性感內衣，想像著當艾歷克斯進房後，她要做什麼。

來找我的那天下午，卡莎離開治療所時仍然很矛盾。她依然不明白激發自身熱情的重要性，只是為收到小禮服而興奮。

我完全不曉得艾歷克斯還送了性感內衣，直到後來他來諮商才告訴我。他還帶著卡莎一起來，兩人皆因共度那晚而大感愉悅，想要把這個故事和我分享。

艾歷克斯做的比我要他做的更多，他的確冒了巨大的風險。我也不知道為什麼聽到這個消息會如此驚訝。艾歷克斯是個專心又用功的學生，我想為他喝采，他發掘了自己在激情方面的能力，並且運用自如。我無法傳授技巧，只能給予相應的提示，艾歷克斯的行為證明他確實克服了內心的恐懼，完全發揮了潛能。

我為他們兩人感到驕傲。

愛，推動我們做出改變

不過意外的是，此後兩人再也沒有來找過我。

他們是不是認為那一次成功便意味著功德圓滿，所以就此終止諮商？案主們普遍會犯這樣的錯誤，但他們只會失望。剛有了突破就放棄諮商是很不明智的，要走的路還很長，還會有坎坷，暫時感受到的滿足與希望會使人忽略這一點。

艾歷克斯和卡莎共度了浪漫的一夜，這是一次重大突破，但是對絕大多數人而言，**改變是一段「循序漸進」的過程**。新的想法和感情終會湧現，轉而變成行動，要培養新的行為習慣是很痛苦的，這是一段反覆無常的過程。雖然艾歷克斯和卡莎已嘗到性生活改善的甜頭，但我仍對這段關係能否持續感到擔心，也不確定那一晚在四季酒店發生的事，後續將帶給他們多大的影響。

我的懷疑並不是因為艾歷克斯，他已經做了他能做的，可是我不太相信這一套適用於卡莎。我和她接觸的機會不多，但明白她的防禦心極重，也很好強，不願意為了長遠利益而放棄眼前的甜頭。卡莎很聰明，但自我反省能力不強，主要是因為她很美，受到男人們仰慕與欣賞，然而她從不知道這種誇讚背後另有玄機。美好的泡沫一旦破滅，我猜她會非常痛苦。

我也不認為她會就此放棄那個俄羅斯男人。

如果說我還有什麼可期待的，那就是盼望艾歷克斯和卡莎真心地珍視彼此，並且為此不斷努力，這能夠進一步地鞏固感情。也許他們的感情會成為心理治療史上進展最快的關係之一，四季酒店的那場約會就是使他們感情升溫的催化劑。

感情中的危機及在其中體會到的失望與恐慌，會帶來一種嚴峻的考驗，一次經歷就令人刻骨銘心，讓人做出改變——這是唯有「愛」才能推動的深刻改變，並且將會一直持續下去。

「我害怕被妻子發現我的脆弱。」

開了心理治療所幾個月之後，一個炎熱的夏日下午，我回家時看到門上貼了一張搬遷通知，屋裡停了電，室友們慌亂不已。我們這才曉得「屋主」奈斯特將房屋非法轉租給我們後，捲款潛逃了。房東發現我們住在那裡，指控我們非法居住，他斷了電，還威脅第二天就要報警來沒收我們的財物。

屋內又熱又昏暗，一片狼藉，我發現觀察人們在混亂中的反應很有趣。幾個室友裸身開起天體派對；蘇菲偷拿了我一堆衣服，搬去皇后區（我再也沒有她的消息）。

我和另外三人匆忙上網找了一間房子，開始合租，新住處就在治療所那條街的另一頭，位於時報廣場的中心地帶。

我們快速租下的房子，一樓是嘈雜的愛爾蘭酒吧，二樓被一家按摩店租下。我和朋友們則占據三樓和四樓，但是得從二樓出入，我們的大門就在按摩店的入口旁。

我們四個女人很高興能找到這樣的住所，雖然這裡之前是當辦公室用，但我們很開心，因為有了各自的房間。地上鋪著辦公室才會用的便宜地毯，提醒我以前的臥室不過是個小隔間。

雖然住在市中心，不過這裡只有一個方便的優點，就是跨年那天，我們可以上屋頂看時報廣場新年倒數的降球儀式，就著喧囂喝香檳。

有時我會買一堆零食和雜物回家，穿過熙熙攘攘的人群時，無意間抬頭一看，路旁的醒目看板令我吃驚，那是一個巨大的百貨公司標誌。我老是想不通廣告商為什麼要大老遠跑來紐約打廣告，這裡有如一場場企業盛宴，也是名副其實的商品樂園，將所有平凡無奇的商品放在閃耀的聚光燈下。人們圍聚在巨大的M&M's巧克力廣告前拍照，我快被人潮擠扁了，走出家門就像被扯進洗衣機。

出入按摩店的男人

出門上班時，我常看到按摩店的客人鬼鬼祟祟地出入，不是剛按摩完出來，就是正要趕過去。擦身而過時，我們都很尷尬，因為彼此都曉得他們要去哪裡、去做什麼，這些男人通常急匆匆地低頭走過，眼睛直直盯著地面。我總會偷偷瞥一眼他們的樣貌，好奇光臨情色按摩店的男人都是什麼樣的人。

但這家按摩店的男客太多了，我實在想不出他們都是些什麼人。在這裡，我看過年輕人和老人、帥哥和醜男，有西裝革履的，也有身著工裝的，這些男人來自各個地方。

我猜想在他們之中，有多少人是某個人的丈夫或男友，妻子和女友是否知道他們來這裡。

有時當按摩店的門打開，我和室友們會偷看那裡面究竟是什麼樣子，只見一位中年韓國女性帶著端莊的微笑，在門口迎客。我們時而找各種惡作劇式的理由去敲門，例如借紙巾或剪刀等。有次我想預約按摩，得到的答覆是「這裡不提供女性按摩服務」。

我們仍然找各種辦法拿按摩店找樂子。樓下大門對講機的音量很大聲，我們對著對講機說的話都會被路人聽到。每當樓下門鈴作響，我們以為是某個朋友來訪，輕聲地打招呼說：「你好。」卻總聽到對方問：「是按摩店嗎？」哦，抱歉，我們弄錯了。

通常到了很晚還會有人按錯樓層，這時我們會對著話筒大喊：「如果你要去按摩，請按二號鍵！」明知道路人會聽見，可是這樣找樂子很好玩。

一天傍晚，我出門時，有個在酒吧喝得醉醺醺的酒鬼踉蹌地爬上二樓，在大廳就地解放，韓國女人提來一桶水，我們沉默地幫她打掃乾淨。她的英語說得很蹩腳，我挑剔地觀察她妝容厚重的臉，和她身上便宜、過時的性感服裝，暗想：**男人想要的是這樣的女人嗎？**

「我希望來五次，你就能幫我解決問題。」

這個問題的答案，我可以從保羅的故事中得到。

保羅四十歲出頭，剛結婚，是銀行的高階主管。他有點大男人主義，第一次見面時，他大步跨進會談室，還沒坐下就開始不停地說，也沒跟我客套幾句，和其他的案主很不一樣。

「我的問題是這樣的，」他大聲說：「我和我太太很久沒親熱了，因為我硬不起來，所以會去外面找小姐。我希望來五次，你就能幫我解決問題。」

「還限時間？」

「我並不是每週都有空來閒聊。」

聽到這裡，我真不知道該如何與他繼續對話。要進行心理治療，最重要的就是心理師和案主建立關係，而關係需要時間慢慢鞏固，但保羅**只想獲得治療，忽略了建立關係**。

保羅直勾勾地看著我，讓我有種被看透的感覺。他對待我就像對餐廳服務生，招之即來，揮之即去，一點也不尊重；也像他找性服務，有親密行為，關係卻不親密。

「我們先來討論諮商費吧。」他大聲說。

「我們已經在電話裡談好了，」我說：「一個小時一百五十美元。」

「太貴了。」

我知道保羅付得起這個錢，但金錢並非我們關注的重點，他應該是想掌握談話的主控權。

「你是想**主導談話**。」我說。

保羅聽了聳聳肩，「那當然，我可是為這次諮商付錢的人。」

保羅對他花錢找的女人態度傲慢，他也因此有了對局勢的控制感，並感到滿足。我可不能一直這麼滿足他。

「是的，你要為諮商付費，」我附和說：「這對你而言有什麼意義？」

他的回覆就是直接攻擊我，「那你又有多少諮商經驗，心理師？」

保羅的問題直戳我的弱點，我有點惱火。為了繼續進行諮商，我盡可能調整好自己的心態，不斷告訴自己：雖然他的態度傲慢，但他其實亟需幫助。

「你來這裡是尋求幫助的，」我說：「是我同意你來的，不然你就去找小姐了。聽好，保羅，你不應該質疑我的價值。將諮商視為對你自己和婚姻的一次投資吧。**能來找我，說明你很**

重視自己。」我稍停，讓他好好想想。

「而且無論如何，你付給我的費用不能比找性服務花得少。」我微笑著說，但我也知道她們賺得比我多得多。

保羅仔細想了想。「好的，心理師，」他說，好像當之前的對話沒發生過，「我可以付諮商費給你。我們還是來談正事吧。」

「很好。很高興你選擇來見我。」我說著，試圖想像他和其他女人是怎麼說話的，「我會竭盡所能地幫助你。」

「要是我太太不滿意我的床上表現，怎麼辦？」

保羅說他開車出門辦公事的時候，就會約小姐，還常上按摩店。我迫不及待地想聽神祕按摩女郎的故事，很少見到她們外出，只見過客人進出，讓我想像著她們性感、魅惑的模樣。保羅卻老在談他對妻子提不起興致，因此我只在心裡暗暗記下按摩小姐的事。

「親熱時，你無法興奮的問題持續多久了？」我問。

「從認識我太太以後，這個問題就不時出現，我需要很多刺激，有時還會半途而廢。這樣她居然也願意嫁給我，真讓我吃驚。」

「你太太有什麼反應？忘了問，她叫什麼名字？」

「克萊兒。她當然會生氣，認為我對她不感興趣。當然不是這樣，只是在親熱的過程中，我並沒有感到多愉悅，興奮不了。」

「但你還是愛你太太？」

「是的，我為她著迷。她個頭嬌小，也很性感，是我喜歡的類型。」

那麼，問題究竟出在哪裡？

他愛她、覺得她很迷人，卻不想和她親熱？

在思考合適的會談方案之前，我要考慮保羅的年齡、用藥情況和壓力，以及所有讓他提不起興致的因素。

保羅不需要長期用藥，雖然四十歲的男性確實可能比十八歲少年需要更多刺激，但**保羅只有面對妻子時才沒有激情，這意味著他有「心理障礙」**。

我想知道更多克萊兒的事。保羅說他們結婚才八個月，雖然克萊兒個性強勢、對他的態度不太好，但他還是很愛她。

「我想有些男人會覺得她讓人害怕，但我認為像她這種能讓人感到刺激和興奮的女人非常適合我，我喜歡能帶給我挑戰和威脅的女人，她會讓我保持警戒。我們都屬於好勝心強的人，總想在家裡占主導地位。」

「可以跟我說說，她對你有激情嗎？」

保羅眼睛一亮，「她很喜歡親熱，比我熱情得多。」

「你們通常是誰先主動的？」

「大部分都是克萊兒，她會跟我說想要怎麼親熱。我喜歡她的直白，可是……」

「『可是』……有什麼問題？」我讓保羅把話說完。

「可是，就像我說的，我那裡沒辦法的時候，她就很惱火。」

「你對此有什麼感受？」

「很可怕。她對我很不滿。」

「怎樣不滿？」

「她問我究竟是怎麼了，然後就哭起來，認為我不想和她親熱。」

「誰先主動」這個問題是很有深意的，能夠立刻引出一系列其他問題：我讓對方滿意嗎？對方愛我嗎？誰的欲望更強？誰更能控制自己的感情？

有時當女人主動，男人便擔心自己應付不來。我問保羅，他都怎麼解決這個問題。

「我瞞著她吃藍色小藥丸。」他說著，稍稍平復一下情緒，「但是和妻子親熱應該是很自然的，我不喜歡吃藥來刺激。」

我問他在整個過程中，他是否感到壓力很大，他回答：「是啊，這也是整個過程裡最讓我擔心的。我總是自問：要是這一次我又不行了，怎麼辦？」

「所以你雖然很想享受那個過程，但的確沒有盡興。」

「只要她滿意了，我就很開心。」他說：「但我壓力好大。」

「你只有和妻子親熱的時候才會這樣，跟別的女人不會？」

「對，確實如此。過去和別的女人交往時，偶爾也會這樣。」他說著，突然皺起眉頭。

保羅遇到的問題，無論年長或年輕的男性都向我抱怨過，諸如：「我興奮不了」、「我那裡沒有感覺」、「我女友很美，但……」。

事實上，男人普遍會遇到這個問題，而更奇怪的是，這通常是心理問題所導致。

「跟我聊聊你去按摩店的經歷吧。為什麼喜歡去那裡？」

「那裡讓我毫無壓力。我一點也不在乎那些女人，我付錢讓她們滿足我，喜歡一次找兩個，愛撫她們的胸部，讓她們輪流服務我，會讓我更興奮。最棒的是我不用考慮她們是否享受，**她們就像不存在一樣。**」

我在筆記本寫下「不存在」這個詞。

又是個令人不悅的男人。我不理解，我和其他女人為何要花那麼多時間打扮自己？我們花了那麼多錢買昂貴的化妝品和首飾，想吸引伴侶注意，而保羅這樣的男人，有美貌的妻子，卻只對按摩小姐才有興致？

女人真的一點也不知道男人想要什麼嗎？或者，我們只是拒絕接受眼前的現實？

下回當保羅來諮商時，我需要好好考慮一下這點。

「性感」並非他人的評價，而是自己的選擇

聆聽男人談論女人，讓我得以了解他們真正的需要。過去我從不曉得，別人誇我性感、漂亮並不是在表達我認為的那種涵義，這個發現讓我驚訝，並且對他人的讚美有些不知所措。

我不太習慣聽男人說：「我老婆變胖，我對她沒感覺了。」男人因妻子發胖而憤憤不平，有的人只因這種不滿，而對婚姻不忠或是避免和妻子親熱。我遇過一位案主，他與妻子分居，聲稱只有妻子減肥了，他才回家。

接著我會去見遭受他們過分指責的妻子，但通常發現她們變胖沒幾公斤。我知道男人是視覺動物，不過，難道女人體重增加了一點，便讓他們提不起興致？

深入了解後，我才明白**當女人開始不在乎外貌時，男人便感覺遭她們拒絕**，因為他們擔心，女人這樣做代表對性生活不再重視。

所以這些男人會生氣，不只因為妻子的樣貌變醜，也不只因為妻子沒有努力讓自己變得更性感。他們認為伴侶變胖就是「直接拒絕」的意思，意味著不需要他、不值得為他維持身材，還可能表示不再關心他。

在我看來，男性的欲望與女人的身材沒有太大的關係，雖然這可能與傳統觀念不相符。我請不同的男性描述最吸引他們的女性特徵，他們通常會說是「美貌」；而當我要求他們對美貌下具體定義時，他們只會先描述體態特徵。經過仔細分析，我發現他們覺得最有吸引力的是這一種：**認為自己很性感、以自己的性感為傲，並且樂於展現性感的女人。**

在布魯克林的一所醫院做博士後研究時，我發現不同男性對同一種女人的反應各異。我每天和三個男人一同乘車，他們喜歡透過車窗欣賞拉丁裔和非裔女人，以及穿著緊身牛仔褲、大腿很粗的女人，一看到這樣的女人，他們就露出欣賞和興奮的神情，沒錯，就是飢渴地口水流不停，心怦怦跳。而且，即便我認為自己的審美觀與傳統審美觀不同，但不得不說，我自己也為這種女人的性感魅力傾倒。

他們欣賞的這種女人很性感，而且她們也明白很重要的一點：**性感在於裝扮自己的方式**。她們彷彿在說：「我知道你迷戀我，我也很受用。」她們對自己的外貌特徵自豪，就像男人開著拉風的新車兜風，只是為了向鄰居炫耀。這些女人花時間精心打扮，傲慢地抬頭挺胸，步態婀娜，像在炫耀自己有多美。我見過一位四、五十歲的拉丁裔女性，身穿花朵圖案、色彩鮮豔的上衣和緊身褲，腳踩高跟鞋，在大街上顧盼生姿。她以眼神跟人打招呼，笑容平易近人，走路的樣子像在和整個世界談笑，而這些只為了慶祝女人的美好，為了歌頌生活。

歐洲裔美國人以瘦為美，我有一些案主只要伴侶不夠瘦，就不想和伴侶在一起。但大部分男人都知道，真正的性感比美貌更重要。女人總是弄不清美貌與性感的區別，男人則認為性感就是美麗。我認為這對女人來說是好消息：性感就是展現對「性」感興趣。**性感是一種選擇、一種行為，並不只是對體貌特徵的描述。**

我有位身材瘦小、說話溫和的案主，婚齡二十五年的他告訴我，「和妻子親熱時，我想用背後式，但她不願意，說自己臀部太大，不想讓我看到。老實說，我一點也不介意。我愛我的妻子，只希望她享受跟我在一起的感覺！」

這才是男人想要的。

越挫敗的男人，越需要優越感

再次約見保羅時，我重拾舊話題，就是我在筆記本記下的「不存在」的事。

「所以對於花錢找的女人，你都當她們不存在，」我跟他說：「這和你對克萊兒的感覺完全不同，你說她個性強悍。」我帶著責備的語氣繼續說：「那麼，對你來說不重要的女人究竟有什麼性感之處呢？」

「我從不會對她們產生興趣，」他說：「她們並不迷人，被動又順從，會聽從我的任何指令。我不會傷害她們，只是喜歡她們在服務時聽我的。」

「可是和克萊兒親熱時，你不是這樣的，」我說：「只有跟認為不如自己的女人親熱時，你才如此。」

「對，這樣我才會興奮。」

保羅藉由貶低她們來獲得快感。征服這些「不存在」的女人，讓保羅忘了與妻子親熱時的焦慮，也讓他有了優越感。我之前對於保羅接近我及其他花錢接觸的女人時，「態度不同」的猜測是正確的——**他需要馬上獲得優越感。**

「表現焦慮」（performance anxiety）指男性因太過擔心上床的表現而焦慮，以致表現得更糟糕。

這種現象可說極具羞辱性，若經常出現更是。最糟糕的情況是，本來想給心愛的人極致體驗，卻突然怯場。

我因為同情保羅而為他感到難過，他卻不斷說著征服女人有多麼快活。身為女人，聽保羅和其他男人說他們因貶低女性而自我感覺更好，真的很難受。這對男人而言意味著什麼？

我真希望能把保羅當成異類，但我不能，事實上，保羅的身體並無異常，他是個深愛著妻子的普通男性。在來諮商的男案主中，我發現許多上按摩店的人都有性功能障礙，或是與自己真正感興趣的對象親熱時會焦慮。

也許最讓我受不了的是，他們之所以能在按摩店裡變得「正常」，是因為不將店裡的女性當人看。

就在上週，我回家時發現警察在二樓按摩店進行突擊檢查，大喊：「起床！穿好衣服，趕快出來！」

我原想馬上關好門上樓，然後躲在屋裡不下去，不過有一名警官上三樓來，詢問能否搜一下我的房間，看看有沒有按摩小姐藏匿。我不認為有人能跑進來躲藏，但還是讓他進屋搜查。他查看了一下便離開。幾個小時後，跟朋友們吃過晚飯，我去了浴室，卻發現有個十幾歲的亞洲女孩躲在裡面，看起來驚慌失措，不斷說著「救救我」。我去拿手機時，她穿過房間，從前門跑了出去。

直到現在，我都不知道她究竟是怎麼躲進去的——她會忍術嗎？還是按摩店的天花板有暗門？她是不是像蜘蛛人能攀爬高樓外牆？還是能撬開我們的鎖？甚至擔心她是人口販賣的受害者。我一直都記得她驚恐的樣子。

隔天，有個巨大的水果籃出現在我們的大門口，夾了一張紙條寫著：「現在你是我的朋友了。」很好，收起那些不好的念頭吧，不要把別人都看得那麼壞，我想。

是放鬆？還是放縱？

我回家時會穿過時報廣場，市長曾進行過整頓，但這一帶仍然有許多為男人「服務」的店家，尤其是針對在市中心金融區工作的上班族。小店裡，各種女人應有盡有，無論上班還是回家，我都能看到從事這一行的人，她們無處不在。

現在來回答一下我之前提的問題：這樣的女人真是男人想要的嗎？

對某些男人而言，是的。但我並不是指他們只是想尋歡作樂，他們想要的是以便宜、輕鬆的方式來**發洩情緒**，**並且希望藉此化解感情上的問題**。

我經常認為，按摩店的服務手冊應該依下列內容來寫：

〈服務〉

・特餐一：覺得自己很重要。

・特餐二：覺得自己很威猛。

・特餐三：得到慰藉，減輕痛苦。

如此更準確地展現出按摩小姐在此過程中的重要性，只要一個小時，這些男人就會導出一部戲，把內心的渴望和挫敗都發洩出來。是的，就在那裡，在紅燈區的劇場中央，治療男人心理創傷的服務被當作商品出售，以粉紅色霓虹燈做廣告，這些工作者給予男人慰藉，但不過問他們的心理創傷。

問題在於男人的心理創傷並未得到治癒，他們演了一個小時的戲，然後帶著與來時同樣的情緒和感情問題離開，這也使得他們感情關係中的問題更加嚴重。

我想我怎麼會住到這種地方呢？樓下就是按摩店，我已完全失去判斷力，看不懂男人。

你可能認為身為性諮商師聽了太多男人的出軌故事，我會麻木，但其實，這些男案主的故事讓我很難過。這種故事聽得越多，我就越焦慮，有時因過度焦慮，突然覺得眼前一片模糊，看不清楚坐在對面的是什麼人，也聽不到他對我說什麼。

在諮商過程中，有時我甚至突然感到自己像是原本養尊處優，卻被人丟去貧民窟的人。我寧願回到幻想中的美好世界，在那裡，可以和戀人牽著手，在陽光明媚的浪漫草原上縱情奔跑。然而我無法逃避，這是我的工作，我不得不直面兩性關係中醜陋的一面：是的，有時男人想要剝削女人、傷害女人、欺騙女人、利用女人……

我和拉米及他朋友們的經驗，與諮商時聽到的故事，打破了我對美好愛情的幻想和渴望。幻滅的過程令我很痛苦，但也讓我變得成熟。

我知道自己必須找到一種新的思維模式，總結所學的經驗，形成全新的觀念體系。我必須克服自己的恐懼心理，不然案主就該去找其他心理師了。

經過深思熟慮，我決定保留自己內心超然的科學觀察者的特性，努力探索案主們的內心世界，做相應的筆記、記錄他們的症狀，盡量弄明白這些症狀出現的原因。並且提醒自己不要對所有男性以偏概全，並非所有男性都像來諮商的男人一樣，我也認識許多優秀的男人。

我必須牢記這一點：生活中，優秀的男人還是占多數的。

我想起躲在浴室裡的那個年輕女孩，渾身顫抖的她是留在我這裡安全，還是跑去大街上更安全？我無法給出確定答案。性服務實際上對人造成的傷害是巨大的，我下定決心，一定要改變來找我諮商的男人——保羅對按摩小姐的剝削心態，許多男人也有，因此按摩店的生意才如此興隆。我決定要影響這些男人。

有時候我發現，身為心理師，真的像在與性工作者競爭。那些喜歡找樂子的男人為什麼要找我？我怎樣才能讓他們滿意？怎樣才鬥得過那些美女？

我不提供歡愉，我要讓他們認清真相。**我所給的是「他們不想要，卻需要的」**。

為什麼他聲稱愛妻子，卻對妻子不忠？

保羅通常在下班後過來，並且總要求我加班為他諮商。

有一天晚上，他來了，而且顯然很有壓力。他匆匆地衝進來坐下，如同往常立刻開始傾訴，既沒和我打招呼，也沒對我提問。

「我想我們公司遇到財務危機，」他說：「媒體已經開始追查了。」

他的語氣嚴肅，很緊張，心煩意亂又雙眼無神，顯得腦筋一片混亂。我沒有打斷，顧不了諮商，想給他足夠的時間傾訴以緩解壓力。

雖然他發洩了壓力，但我沒機會和他進行實質的交流，我成了他傾訴痛苦的對象。我在想：**他的妻子與他相處時，是否也有這種感覺？**

「有壓力時，你會怎麼做？」我問。

「通常我都在公司加班，但是今天中午，我叫了按摩小姐。」保羅淡然回答。只要工作時覺得壓力大，他就會上按摩店。

「你是不是有點罪惡感？」我問。

「對。克萊兒要是知道了，一定會很吃驚。我真的很愛她，只希望我們的性生活能讓我更快樂。」

「然而在這段婚姻裡，你什麼也沒做，反而去找外面的女人。」

「我的藉口是既然妻子滿足不了我，我就只能從其他女人身上找刺激。」他有點自我放棄的樣子，「但這沒什麼，我有許多朋友也這麼想。」

又是任意出軌的態度，但保羅很希望能維繫這段婚姻。他好像認為男人雖然選擇了婚姻，但理所當然還可以找別的女人。

保羅出軌對我來說不合理。我不明白他為什麼會認為自己愛著妻子，但他顯然極為肯定。來諮商的男性中，保羅並非第一個有這種態度的人。即便是可愛的鄰家男孩類型，你根本想不到他們骨子裡也有不忠念頭的人，也會來到我這裡，向我坦承自己對伴侶不忠，遇到這樣的人，我心裡會冒出這種念頭：哦，不！你怎麼也這樣？

我以前總認為若男人真的愛上一個女人，他就不會再找別人，否則那不是真正的愛。我認為，愛與忠實是分不開的。

聽著男人談論自己出軌的事，我一直在想他們為什麼會衝動行事，尤其是聲稱愛伴侶和找性服務「並不衝突」的男性，他們宣稱雖然自己在外面尋花問柳，但是對妻子或戀人很專情。關於這些男人，有沒有明顯的情緒模式或性格特徵能解釋他們的不忠？

我想深入探索慣性出軌或「只有這次」背後的原因。我詢問過一些能夠談論這個話題的女性，了解她們的經歷。有的女人認為這種男人缺乏道德觀念；有的女人與男性的想法一致，認為這是生理需求，男人生來就喜歡拈花惹草。

不過這種結論太簡單，也太主觀了，尤其是當行為涉及更複雜的感情、社會與心理層面時。

「我擔心自己不夠好，無法取悅妻子……」

我想了解保羅這麼做的主要原因。透過這種毫無壓力的放縱，他真正想獲得的是什麼？放鬆就是他想要的全部嗎？還是他想**透過這種行為，逃避與妻子之間的問題**？

他將妻子與那些小姐們區分開來，但又不是以保守與否劃分——如他所說的克萊兒性欲強，主動要親熱的是她，所以她不是矜持型的。

我請保羅詳述最近一次與克萊兒親熱的經驗。「昨晚，是她主動的，她吻我頸子，摸我下面。」他坦言。

「那你的感覺如何？」

「要聽實話嗎？我覺得有壓力，希望她能讓我主動。」

「你可以主動的。」

「是可以，但老實說，有時我想要避開她，就像我講的，我擔心自己無法馬上進入狀態的話，她會很生氣。無論如何，我不想拒絕她，只好幻想面前是別人。昨晚我就是靠幻想變得主動一些——我想像有個美麗的年輕按摩小姐在觸碰我，我把手伸進她的裙內，她沒有要我碰她，但感覺得到她出於被動或是緊張，沒有開口阻止我，這讓我興奮起來。」

保羅說的明顯與女人常認為的「男人任何時候、遇到任何女人都會躁動」不同，事實上，男人提起興致也要有恰當的時機。

「這樣管用嗎？」

「我讓克萊兒背對著我，就不用對上她的眼睛，好繼續幻想。她也喜歡那個姿勢，我還可以一手抱她，一手愛撫，幸好她很容易就到高潮。」

為了避免搞砸和讓克萊兒滿足，保羅必須小心翼翼。然而，雖然他說過他有多愛克萊兒，在這整個過程裡，我卻一點也看不出愛的痕跡。

我把這個看法告訴他，他卻說：「我不認為。我想透過滿足她來取悅她，讓她舒服。」

「你將自己能不能興奮和克萊兒是否滿足，看得比你們的感情更重要。」

「嗯，確實。若我那裡起不來，我們就沒有性生活了。」

我很想聽克萊兒聊聊他們的性生活，我認為她說的與保羅所想的一定很不一樣。然而保羅就像我其他的男案主，不希望妻子知道他們在做性諮商。

「**你說過很多次要讓她滿意，但整個故事聽起來只是在讓你自己滿意。**」我說：「你描述的過程聽起來令你焦慮，而不是滿足。我明白你為什麼那麼做。你把自己放在旁觀者的角度，不斷地思考，無法放鬆，因為你沒辦法將她視作不存在的人。為了彌補這些缺陷，你就關心自己的表現能否令她滿意。」

「不然她會生氣。」

「對此，你有什麼感受？」

聽我又問出這個老問題，他大笑起來。

「我希望你能回答這個問題，」我堅持，「說說你的感受。」

「很丟臉，覺得自己很無能。」保羅低頭盯著地毯的一角，「我當然不想感受到這些。」

「為什麼？」

「**我擔心自己不夠好，那樣克萊兒會拒絕我。**這種感覺很不好。」

我不知道保羅為什麼突然說出內心的恐懼，但還是很高興他說出來了，沒有將這種情緒掩藏起來。他顯得坐立不安。

面對妻子的焦慮，反映出內心的脆弱

感受到保羅內心的痛苦，我的眼眶濕潤，對他的態度也柔和了一些。他低下頭，膝蓋微微顫抖，顯得緊張並情緒低落，我不想看到他這樣。我對他深表同情，卻讓他覺得很受傷、很害怕。

他安靜下來。我沉默了一會兒，決定幫他緩解焦慮。

「你現在有什麼感覺，保羅？」

「不安。」

「讓我了解你內心的感受，使你感到焦慮嗎？」

「我說的不是焦慮，是不安。」他反駁。

「好的，不安。我想知道你的確切感受。」

「好的，我很焦慮，就像和妻子親熱時的那種感覺。我不想讓你知道我的弱點。」

「但是我能感受到這些，於是你想攻擊我，把你的不安隱藏起來。」

「我討厭你的這些分析，聽起來像是在批評我。」

「能跟我說這些，你真勇敢。我現在感覺和你親近了一點。我不會因為你說了自己的故事，而批評你、否定你。」

他只是低著頭，什麼也沒說，這回諮商就此結束。

保羅有了一點進步，但無法忍受我所說的話，對他來說，我的觀察和發現只反映了他的不完美，我只是想了解他，他卻無法忍受。一旦面對自己重視的人，他的自尊就會崩塌。我忽略了他對我的輕視，他現在認為我在批評他，因而焦慮，使得他在面對我時感到很脆弱。

我突然領悟，我因保羅的婚外情抓狂，因而始終沒能抓到重點，差點忽略**一個根本的問題：他的「脆弱」**。

面對克萊兒時的焦慮，只是保羅脆弱的表現。

越深入思考，我越了解，我最擔心的是保羅習慣用最簡單的方法解決問題。他過度關注妻子的歡愉，以免自己產生表現焦慮；努力取悅妻子，以免自己因有快感而焦慮。然而「歡愉」

是一個人基本自我價值的體現。跟按摩女郎在一起，讓他重獲自我，這時的他覺得自己有權獲得歡愉；而在家裡，他忙於掩飾焦慮，反而享受不到與妻子親密的樂趣。

他竭力想以順從的方式彌補妻子，結果卻讓雙方疏遠。

男人總想透過去按摩店這類場所，化解婚姻裡的問題。我也認識一些這類男人，每晚都去看脫衣舞、親近舞孃，彷彿她們是真正的好朋友。

害怕不夠好，而戴上「疏離」的面具

我提議保羅與克萊兒聊聊工作狀況，也許有助於兩人展開更深入的交流。

「我不想和我太太談工作的事。」他說。

「為什麼？」

「我出生於普通家庭，一路埋頭打拚到如今的位置，」保羅說：「克萊兒出身富裕，她的家人從未真正接受我。直到現在，我覺得自己在她家仍像個外人，他們甚至逼她單獨開戶存錢，我無法動用。我很努力地向克萊兒和她的家人證明自己，但我的事業如今岌岌可危，我不想讓她知道自己現在有多窘迫。」

「你究竟想要證明什麼？」

「婚前，她的家人原本有意讓她嫁給另一個人，但她嫁給了我。我總是懷疑自己是否夠格，我想要證明自己，讓他們接受我，我想要證明自己，讓她能接受我。我想要證明我很優秀。我不想讓她後悔選擇我。」

「這麼說，你覺得自己與克萊兒和她的家人，地位不平等？」

「是不平等。她很優秀又機靈，她的家人也是。信不信由你，雖然我在你面前講話很大聲，但去她家時，我都是最安靜的那個，沉默不語，像參加一場贏不了的比賽。這種感覺糟透了。」

保羅慢慢地說出這段經歷，有如每個字都難以啟齒。

「所以，**你覺得你『有義務』在職場和你們的性生活中，都表現出很成功的樣子。**」我可以從保羅的神情看出他終於覺得我說中他的心。

「我是非常成功。」他反駁。

「是的，你很成功，但你也付出了代價。像現在一樣感到有壓力時，你會選擇離開克萊兒，而這對你並沒有什麼作用。」

「所以我去找外面的女人。」他像是累了，不再趾高氣揚。

「是的，也正因如此，你和克萊兒才難以親密。你在妻子和她家人面前**隱藏真實的自己，做**

了一個『面具』戴上，卻認為他們看透了你。你並沒有做出任何改善，反而更加封閉和孤立自己。你感覺很糟，這使得你和克萊兒及她的家人相處時，壓力更大。

「我明白融入他們對你而言很重要，不過**太想克服現在的不足、太想獲得認可，反而令你疲憊不堪。**」

聽了這段話，保羅低下頭。

「你也不想要總是證明自己，」我柔聲地繼續說：「你想要無條件的愛。你因為與克萊兒結婚而自豪，你非常愛她，因而擔心別人覺得你不夠優秀，擔心她不愛你。」

他點點頭。

「你愛克萊兒嗎，保羅？」

他又點點頭。

「大聲說出來。」

「我愛我老婆！」

說完這話，他流下眼淚。

「這就夠了，保羅。」我說：「過去的你一直受恐懼驅使。你想做出改變嗎？那就去愛你的妻子吧。若想成為好丈夫，你就要多親近克萊兒，讓她看到真正的保羅，了解真正的保羅。」

最終他沉默了，只聽我說。我很想鼓勵他，我感覺我的心因為他而真正溫暖了起來。

對男人而言，女人強大得不可思議

我終於明白聽了案主們的故事後，為什麼我的第一反應是恐懼。有些男人覺得自己需要婚外情、把女人看得很卑微，為此我感到很難過，習慣性地做出消極的結論，並認為男人普遍如此。

既然我能因保羅感受到溫暖，那麼我需要更超然地看待這些案主。要知道，我很容易注意到男人的行為有多麼糟糕，並對他們做出道德評價，帶著輕蔑去看他們，認為男人天性如此。

保羅敞開心扉，也解開了我的疑惑。我明白，他和妻子及性工作者的互動顯示了一則很重要的真理：**對男人而言，女人強大得不可思議。**

事實上，女人太過強勢會讓男人受不了。在感情上，男人需要女人才能存活，女人的肯定、讚賞、支持和鼓勵，都能讓他們意氣風發、倍感自信。女人的安撫和愉悅能給男人安全感、有依靠。

保羅把妻子想得太強大，而讓自己顯得太渺小。他自認了不起，蔑視性工作者，然而這使他失去自我。

他的問題與出軌無關，並非因為男人生來就需要出軌對象或替代者。這完全與保羅的**「自我感覺」**有關，與他在深愛的女人面前**掌握「自我價值」的能力**有關。這一點很重要，因為這才是整個故事走下去的希望所在，也就是我之前提到的「男人需要什麼」這個問題的答案。保羅希望能夠同時愛自己和愛妻子，他也急切地需要妻子的愛。我想幫助他找到這份愛、把握這份愛，這樣他才能面對克萊兒。

在保羅和其他案主身上，我發現他們都有脆弱的一面，**不明白自己是需要愛，還是害怕愛。**他們創造了奇怪的感情與性的關係，然後不斷扭曲，希望它們變成愛的替代品，尋歡作樂、崇尚自由或者幻想邂逅浪漫，來滿足需求，同時保障自我的安全感。他們說自己想要去愛人，或者被愛，卻從未真的擁有愛。這些男人在逃避現實，他們需要重新去定義「愛」。

每個人都喜歡愛帶給我們的溫暖感覺，然而要得到這種溫暖不容易，而且愛不僅帶來溫暖，還會帶給我們更多感受。

在愛裡，我們除了能感受到快樂，還會感受到憤怒、厭煩、傷痛，因而會陷入恐慌。我們害怕被拒絕，害怕失望，害怕失去自我，害怕被拋棄，害怕自己變得一點也不可愛——這些恐懼感或許是不理性的，但都是真實的。

愛不只是感受，愛也是一種能力。

這些男人都想要一個簡單的答案。前面故事提過的大衛想被人渴望，保羅想要強勢，其他人想要安全感。我不敢相信，來諮商的男性都明白自己得到什麼、沒得到什麼，卻**不去想他們「付出」了什麼**。

沒有人願意冒險。

愛不只是感受，愛是一種能力

我希望保羅別再逃避克萊兒，希望他不要期待在婚姻「之外」尋找解決婚姻問題的辦法，希望他能關心克萊兒。最後，保羅終於願意聽我的建議。

「我要給你一份作業。」我說著，看了一下時鐘，確保有充分時間解釋清楚作業內容。

「回家作業」是性諮商的基礎，要做的練習五花八門，目的是為了幫助案主重塑對於性的反應。男人的性功能大多為反射動作，是可以重新訓練的。保羅的問題與自我意識有關，我需要讓他重新調整，以便放鬆自己。

「你的作業是親熱時，別讓自己硬起來。」我說。他聽了有點驚訝，但床第表現的壓力是我最希望他能避免的。「和克萊兒親熱時，別去想那些讓你焦慮的事，只要感受當下的歡愉，好好去享受。你有能力感受歡愉，就像你在按摩店所感受到的那樣。並且，你要今晚回家後就開始這麼做。」

保羅記了下來，雖然有點不太確定，但還是下定決心，希望能順利完成作業。

「我希望下週你來的時候，能讓我知道你完成得如何。」

面對自己的感情，我也在自欺欺人

我拖著行李箱離開治療所，要叫車去機場，準備飛去佛羅里達找拉米。有時我真的很希望他離婚，但有時又替他找理由：反正我不想結婚、不要小孩，對這種「非典型關係」也還算滿意。當然，「信任」是一切的基礎，我仍在努力想辦法處理，不去憂慮自己應該離開或留下。

週五晚上在曼哈頓要叫到計程車太難了。情急之下，我看到一輛沒亮燈的空車停在紅燈前，上前輕扣車窗，司機沉著臉，搖下窗子。

「不載客。」他大聲說。

「我知道。」我說：「不過若你要回家，又剛好順路，可以載我去機場嗎？」

他考慮著。

「拜託，我要去找我男友。」

他還在考慮，燈號就快轉綠了。

「為了愛，請你行行好。」我笑著對他說，但他看起來無動於衷。他的字典裡可能沒有「愛」這個字，至少此刻沒有。

「好吧，」我大聲說：「我付你六十美元。」

「真受不了你。」他說著讓我上了車，不跳表，發動駛離。

我習慣跟計程車司機聊天，像是感情、生活中遇到的狀況等等，意外的是他們通常聽得很開心，感覺像是窺探隱私吧，並且會認真地給我建議，有位司機先生還幫我看手相。

我很想見拉米，但保羅的事情充塞腦海，我得好好釐清。我不大會把心裡的憂慮告訴朋友，或許是怕被人說「你是心理師欸」，好像心理師就一定能處理好自己的問題一樣。而當個不知名的乘客，我可以放心地聊自己。

實在是可笑，我就像保羅，**迴避自己在親密關係中的真實感受，不敢坦露脆弱**，而找一位不知名的對象傾訴。我也逃不開這種假性連結帶來的速效滿足。

但我不覺得這位司機先生會聽我說，從後照鏡偷瞄，他還是沉著臉。車子停停走走，我坐在他的斜後方，望著窗外駛過的一棟棟大樓，不過沒多久，這種冷淡的沉默令我不自在，於是我看看他的行車執照。

「莫辛得先生，你好嗎？」我說。

「很累。」

「開計程車還好嗎？你遇過很多有意思的事情吧。」

「這倒沒錯。有一回，一位孕婦在車後座生了。」

「哇！」

「你這麼急，要去哪裡？」他問。

「佛羅里達，去找我男友，我們週末時才見面。」

「辛苦啊。」

該我說了。「其實我滿喜歡這樣的，但我男友叫我搬去他那裡住。」

「你想嗎？」

「他有老婆，我何必？」

「那不對啊，他沒離婚，要你搬去和他們夫妻三人行？」

我偷笑。「不是，他們夫妻分居好多年了，住得相距很遠。」

「啊，那這樣對他來說不錯吧。**也許他是怕給承諾。**」

「我不覺得欸。」我說，明知道自己在自欺欺人。

「喔？那我有個方法可以試探他的心意。」

「什麼方法？」我不確定自己是否真的想知道。

「很簡單，跟他說你現在就搬過去，看他怎麼回應。」

莫辛得的方法不錯，但我不敢、也不想那麼做，也許下次吧……

終於快到機場了，我想到保羅，思考著他是怎樣地遊戲人生：他先靠近伴侶，接著抽身遠離，按照一定的規律和節奏接近或遠離，就像海裡的水母般一張一合地前行。在愛情裡，男女雙方彷彿踩著這樣的舞步，幸運的話，能夠和諧地跳完一曲。

保羅一直致力於成為完美的丈夫，不過與克萊兒在一起時，他卻不是很主動。我在想，克萊兒是怎麼想的。

犯了錯，才知道正確答案

還沒到下一次的會談時間，保羅就跑來找我。我剛從佛羅里達回來，保羅就約了諮商，他匆匆跑進治療所來質問我。

「我為什麼要付錢給你？」他尖聲喊叫，接著跌坐進沙發，身體前傾。他咆哮著：「我從按摩小姐那裡獲得的幫助更多！」

他抱怨完成作業的過程出乎他的意料。

「上次諮商結束後，我就回家了。」他說：「克萊兒躺在床上看書，我從她手中把書拿走，放到床頭櫃，然後摟住她的腰，把她帶入我懷裡。我記得你說的話，於是開始仔細觀察她，我真的想要好好看看她的身體、她的臉。我撫過她的臉頰，跟她說我有多愛她，接著撫摸著她全身……但我沒有任何感覺，就像麻痺了一樣。」

「保羅，你要忘記你的憂慮，這點很重要。沒感覺也不壞，有感覺也很好，無論如何，你不要去想這件事。」

「我明白，」他惱怒地說：「不過這不是重點。我聽你說的做了，但克萊兒顯得很不耐煩，也很僵硬，整個過程很死板。我看著她的眼睛，但她的視線轉向別處，然後跟我說她很累，只讓我在她睡覺時抱著她。」

「這麼說，她一點也不投入。」

「這樣我也覺得輕鬆些。不過心理師，你出的作業對我沒用啊！」

我並不是故意讓保羅失敗的，不過這個意料之外的結果揭示了很重要的意義。

有時只有等「犯錯」之後，我們才知道答案。

「我的看法與你的相反。我認為這份作業是有效果的！」我說：「我會解釋給你聽，但我們先梳理一下你說的內容。告訴我，你真正看著克萊兒的時候，有什麼感覺？」

保羅配合地回答了我的提問，「我沒什麼感覺，甚至還有點心煩。」

「你開始欣賞她的身體時，又有什麼感覺？」

「就像你說的，我專心想著我愛她，也的確感受到愛。」

「那看著她的眼睛呢，你有什麼感覺？」

「那時我覺得不安，我是真的在試著觀察她，她卻移開視線，看向別處。我覺得遭到拒絕，很受傷。」

關係裡的問題，要回到關係裡面對

透過保羅的描述，我了解了克萊兒的反應，也找到問題的癥結。

在親密關係中，注視對方能夠令人感到舒適，但通常也使人不安。我要保羅展露自己的本色，讓克萊兒看見真正的他，也要他觀察克萊兒，在親熱之中感受愛，讓他向妻子展現自己的性感。克萊兒卻轉移了視線，拒絕看他，這令他感到很受傷。

現在我明白，問題不只在保羅身上。若想要真正好好地處理，還要看克萊兒。

保羅並未意識到，其實妻子在親密關係中的舒適度與他是相似的。雙方保持著平衡的狀態：他主動，她就遠離，可能是為了維持兩人之間的安全距離。

保羅和克萊兒對性的欲望都很強，但是都受不了感情面的親近。保羅試圖維繫這段關係，努力感受愛及一定程度的脆弱，克萊兒則因緊張而迴避他。

他們兩人都有一種我稱為「**愛戀焦慮**」的症狀。保羅想相信他能夠掌控自己的世界，無論在職場或家裡，他皆能應付自如，但親密關係讓他失去控制。

我們對愛都懷有恐懼感，這種恐懼通常潛藏在內心深處，平常幾乎感受不到，只有墜入愛河後，我們才會察覺。然後我們會懷疑自己能不能接受愛，自問是否配得上這份愛。

保羅感到焦慮，也影響到性功能，所以會去能讓自己覺得很重要、很有權勢、有掌控感的地方，也就是按摩店。然而這種掌控感是他花錢買到的幻象。紅燈區的性工作者出售的是一種虛假的愛，就像仿冒的名牌包、仿冒香水，都是假的。

我希望保羅能夠體驗並容忍真正的愛。「老是找按摩小姐會拉大你和克萊兒的距離。」

「但是在床笫以外的地方，我對克萊兒是有激情的。」他困惑地說：「可是真正親熱時卻感覺不到。」

「因為我們的心會自動變得麻木，來保護我們不被恐懼感影響。」

「那我該怎麼做？」他問。

這個問題很棒。我認為保羅應該適應愛的力量——他要學會不被恐懼影響，然後分享自己的感受和經歷，毫不退縮地面對這種恐懼。

「何不**將這種恐懼感當作一種慶祝——慶祝你找到讓你真正有感覺的人**？不要排斥這種感受，試著接受它，將它化作激情。」

「如果她不配合，怎麼辦？」

「這也沒什麼啊。」我平靜地說，意思是別把對方的不配合當成世界末日。

「那我到底要怎麼做才能興奮起來？」保羅笑著問。

「讓克萊兒知道你想做什麼就好了。你必須告訴她，你想要什麼。回家去，再次去完成那份回家作業，也許這一回她會更容易接受，因為這次她不會太吃驚。」

這段關係裡，誰才是「不存在」的人？

我不知道保羅的第二次嘗試是否成功了，他離開時說下週會再來，但後來再也沒來過。

就在下週約定好的時間過了十分鐘後，我打電話給他想了解情況，可是沒接通，於是我留了言。案主無故失約，心理師很難安心地坐在辦公室裡等著。

晚上乘地鐵回家時，我一直在想，給保羅這樣的「作業」是不是錯誤的決定。

也許我又讓他失敗了；也許我的介入方法還不夠成熟，而且太過急切。我擔心讓保羅敞開心扉的做法會讓克萊兒無法忍受。我也提過簡單的要求，讓他們了解彼此真正的個性，卻沒有考慮要做到這些有多難。然而我還是認為若保羅因此生我的氣，他應該會跑回來罵我一頓。

其實那天下班前，我曾再次打電話給保羅，但他還是沒有接聽。我認為我們至少應該再進行一次諮商才結束治療。

正常的會談過程中，心理師和案主都要試著了解彼此，這種關係也會隨時間流逝而鞏固。當諮商結束時，心理師會對案主的情況進行確認。但保羅不是需要正式結束儀式、向心理師道謝或道別的案主，我認為他只要覺得自己好了就會離開。

我關心他這麼久，他卻連一聲謝謝都沒說，這讓我有些難過。

在地鐵上，看著乘客們擠上車，小心翼翼地避讓著彼此。他們看書、聽音樂、盯著地面或看牆上的廣告，但就是不和別人進行目光接觸。

每個人都想要擁有親密關係，都希望他人能真正看到自己、了解自己，然而真的要了解彼此時，我們設置了重重阻礙。

克萊兒對保羅毫無反應，也不與他對視，這讓他生氣，證明他是真的在乎克萊兒。我本來希望透過諮商，保羅能獲得期盼已久的親密感，然而當地鐵停下，望著人潮如浪擠上月台離去時，我才悲傷地意識到：

在這段關係中，**「不存在」的人**原來是保羅。

「為什麼要談我的傷心事？」

查爾斯：「告訴我，你想和我最好的朋友偷情。」

凱莉冷回：「我想和你最好的朋友偷情。」

查爾斯：「告訴我，你會去哪裡偷情？」

凱莉：「在浴室。你在隔壁房間。」

在我的要求下，這對年輕的未婚夫妻——查爾斯和凱莉開始表演最近一次親熱時的情景。凱莉坐在靠近我這邊的沙發扶手上，一人分飾兩角，眼裡似要發火。而查爾斯安靜地坐在沙發另一頭，膝頭疊著兩個抱枕，不看凱莉，也不看我。

突然，凱莉停了下來，惱怒地抱怨，「我真是煩透了！真令人厭煩！他想做的就是這樣：要我扮演跟別人偷情的樣子，每次都這樣！只不過有時他扮演他的死黨，有時則是他老闆或他的兄弟，甚至是他爸爸！要是這種情況再不改變，我這個婚就不結了！」

這些話讓查爾斯回過神來。

「親愛的，你知道我比較不容易有感覺，而這能讓我興奮。只不過是角色扮演，真不懂你為什麼生氣，我又不是想偷吃，只是幻想而已，對你也沒有威脅啊。」

沉溺於性幻想，到底在逃避什麼？

經常聽案主有這種說法：「角色扮演和想像對感情是無害的，可以想怎麼做就怎麼做。」我同意幻想有助於使性生活更活化、豐富，讓伴侶更親密及貼近彼此，但就像查爾斯，他認為**角色扮演沒有問題，可是熱衷於此，一定有什麼地方不對勁**。

雖然我已經與查爾斯單獨諮商了幾個小時，不過這次凱莉才是主角。她的情緒不太穩定，一下子流淚，一下子生氣，只說自己想說的，根本不給我提問的機會。對她而言，她的情緒就是事實，無論她感受到什麼都是真實的，不必找什麼證明或合理的解釋。

查爾斯不善社交，是書呆子型的人。第二次諮商時，我為他做過性狀態評估，顯示他沒有太多與女人親密相處的經驗。他將大部分時間用於培養獨自進行的愛好，如拼裝模型飛機。查爾斯經營工程公司，雖然有錢、足夠吸引美女，但他也坦承與女人相處使他不自在。「大多數情況下都是她們主動找我，我不會去找她們。」他與女人的關係，都是對方主動示好。

和查爾斯不同，凱莉的一切都是光鮮亮麗、熱情而野性。她很以自己的事業、義大利血統及紐澤西的家人為傲。查爾斯從年少時就期待有像凱莉這樣的女友。

凱莉的頭髮又黑又長，十分濃密，黑眼珠雖小，卻像貓一樣發光，眼角塗抹著黑色眼線。她不屬於古典美女，而是裝扮誇張、甚至招搖的女子，穿著緊身服裝、濃妝、提著時髦的包包。她是那種隨時都打扮得性感的女人，即便上雜貨店也要精心裝扮。

兩人在一起差不多一年才發生關係，是凱莉主動的。他們起初就像朋友一樣相處，晚上穿著舊睡衣一起看電視，一天晚上，她親吻他，一切很自然地發生了。凱莉喜歡和查爾斯在一起，因為他個性內向，讓她有安全感，而且跟總是以挑釁為樂的男人不同，他是真的對凱莉很傾心。然而查爾斯需要「凱莉和其他男人上床的幻想」來挑起性欲。雖然他竭力想要平息凱莉的怒火，但這段曾經和諧的關係如今岌岌可危。

一切只是作戲，並非真實，兩人不是玩咖，也沒參加性愛俱樂部——這樣的性幻想又有什麼害處呢？

「我覺得他愛的不是我。」

與查爾斯進行諮商兩個月之後，凱莉也加入了。她很熱情地說，查爾斯在性方面比較保守，有時會因焦慮而逃避親熱，她的需求卻很強。

「剛開始我也覺得很有趣，我的想法滿開放的，樂於嘗鮮。不過現在都是照著他的劇本走。我覺得他愛的不是我。」她說著，眼睛一下子濕潤了，「平常在一起，他溫柔、可愛，我們的關係也很和諧。但**親熱時，他就像在我身邊消失了一樣**，我覺得自己好像充氣娃娃，他都不看我，一面對我就冷掉了。」

我一邊聽她說，一邊觀察查爾斯，但他毫無反應，面無表情。凱莉說了這麼多，都是在表達自己有多受傷，她似乎厭倦了他的特殊癖好，認為查爾斯是在用她減輕自己的心理負擔。但此時的查爾斯一動不動，既不安慰凱莉，也不表露自己的感受。

身為性諮商師，常遇到女性朋友徵詢意見。關於「角色扮演」，有人問：「這樣做好嗎？」

我只請她們**考慮這一點：「我的感覺如何？」**

我有位女性朋友也遇過相同狀況，她的底線是不做讓她感覺糟糕、傷害她自尊的事，而究竟什麼才是傷害自尊的行為，人人看法各異。試出底線之後，要留意你的「情緒反應」，不要只聽從自己的身體反應，因為有時在消極的情境下，你也可能感受到積極的情緒，你的身體也可能做出自發性的積極反應。比如女性在被侵犯時可能會有生理反應，這是身體出於自我保護所做的反應，並不代表當事人內心喜歡。

現實與幻想之間的界限總是模糊不清。

我認為親密行為是有意義的，它向我們傳達著某種訊息。就像在一塊空白帆布上作畫，人們將自己的內心活動透過親密行為表達出來，有人畫上許多關於愛、歡愉和慶祝的表情，有人則將它視作垃圾場，將過去經歷的創傷和痛苦全都無意識地發洩出來——這種發洩有感情上的昇華作用，能將未曾得到安撫和處理的欲望表達出來。**男性常會有這種表現**，因為他們極少透過社交活動直接發洩情緒，也沒有機會直接處理自己的情緒。

幻想存在的好處之一是可以不斷地重複、循環，正如查爾斯，性幻想是他逃避壓力的唯一方式。他迷上這種活動，似乎很享受，但凱莉抱怨這讓她感覺很糟，換言之，查爾斯釋放的情緒垃圾汙染了他和凱莉的感情。

那麼，查爾斯想要避開什麼、處理什麼？這表示他在表達自己需要幫助嗎？我請他下回單獨來見我。

被困在「過去」的男人

「誰欺騙過你的感情？」不等他調整好狀態，我便提出這個問題。

他露出十分吃驚的神情，說明我問到重點。

「為什麼要談我的傷心事？」

「這麼說，一定有什麼故事了……」

「是的。不過，**談論過去有什麼用？**那是很久以前的事了。」

「**因為它沒有成為過去。**」我回答，「**無論曾經發生過什麼，你仍沉浸其中，還沒有走出來。**」雖然查爾斯很抗拒，但我不想放過這個機會，我覺得有必要了解清楚。「是的，這讓人感覺很糟，」我帶著同理說：「讓我們解決它吧。」

剛開始，查爾斯還有點猶豫，不過後來，他很激動地將二十歲時的經歷告訴我。那時他愛上一個人，將她視為摯愛，說她是他生命中的「天使」。

「我非常愛她，」查爾斯聲音嘶啞地說：「我對凱莉的感情不及對她的愛，我很想跟她結婚。從十幾歲開始，我就想找一個伴侶，而且堅信自己會從一而終，我想要成家。」說到這裡，查爾斯開始有些不安，雙眼不斷環視房間。

「但是在我們婚禮的前一天，她和我最好的朋友，也就是我的伴郎睡了，我哥發現的。這件事讓我印象很深，因為我哥是在婚禮當天早上告訴我的，我剛起床，正為婚禮感到開心，他走進我房間，坐到床邊，告訴我這件事。我很吃驚，當場愣住了，呆呆地倒在床上，感覺四肢很沉重，幾乎無法呼吸。我聽見家人在屋裡走來走去的嘈雜聲，感受到陽光透過窗子照進來，暖洋洋的，但感覺自己的靈魂彷彿在那一刻離開了身體。我哥代我感謝所有賓客，沒有人進房間來看我，他們都離開了，屋裡安靜下來，而我還是一動不動地躺在床上。那是八年前的事了。」

「我很遺憾，那真是場悲劇。」

聽著他描述，我感受到他的悲傷，覺得自己的呼吸變得粗重，眼睛也不自覺地濕潤了，不知道該說些什麼，就像有道大浪打過來，將我們都打倒，捲入水裡。我們一直坐在那裡，努力調整呼吸和情緒，兩人都想擺脫這種沉重感，繼續聊下去。

我可以進行一些理性分析，但是查爾斯受的傷太深了，無論怎麼努力避免，他都無法忽視那種痛苦的感受，只能沉溺於其中，苦苦掙扎。

「你太愛──」
「我對她一片真心，毫無保留。」
「而她卻讓你很失望。」
「她背叛了我！」他憤怒地說：「我相信的一切都是謊言！她不愛我，我覺得自己就像個傻子被她玩弄。」查爾斯說著哽咽了。
「你懷疑她是否愛過你，懷疑她給你的一切都是假的。」
「那一刻，我感覺失去一切：我的天真、夢想和真實感，最重要的是我失去了心愛的女人。」

以為幻想能控制痛苦

那場失敗的感情經歷改變了查爾斯的人生，對他的精神造成巨大傷害。我想，當他躺在床上出神時，腦部的中樞神經不斷地建立新的連結，最終，他對愛的觀念澈底被改變了。再沒有任何創傷比這種「背叛」造成的傷害更大。有的人罹患創傷後壓力症候群，心底的恐懼不斷膨脹，干擾邏輯思維，侵蝕所思所想，甚至把所有異性都視為同一類型的騙子。

「我不擅長跟女人打交道，和她們往來讓我非常緊張、不安。**我到現在仍然沒有真正相信女人，認為她們都是兩面人。**」

「那你的性幻想是從何時開始產生的？」我問。

「那天之後的最初幾個月，我一直待在家裡。」他說：「朋友們都想幫我走出來，但我不想跟任何人說話。我不知道該怎麼擺脫當時那種難受的感覺……有一天，我彷彿流乾了眼淚，再也感覺不到憤怒，接著發現自己居然開始有了那種幻想。我也知道這聽起來很奇怪。」

這其實是很聰明的心理策略。我很尊重人的心智能力、潛意識能力及控制屈辱情緒的能力，透過幻想，如今查爾斯能夠控制他曾經無法控制的事物，將遭受的痛苦實質化。未經任何有意識的處理，這種屈辱感立刻轉變為生理反應，這是心理上的虛假勝利，使他得以從痛苦中解脫，變得快樂。**每當他因此而興奮，大腦便產生強化，將「不忠」與「興奮感」形成緊密的連結。**

他不是為了取樂，因為他心中並未放下那段痛苦的經歷。

我在思索，查爾斯的這種情況發生得究竟多頻繁。記得曾經讀到一位性工作者對客戶行為的紀錄，她說客人經常要她把他們過去遭受的創傷經歷「表演」出來，可憐的查爾斯，他也學會了這種方式。我該怎麼改變他呢？

「後來，你認識了凱莉？」我繼續問。

「對，但那時我根本沒想過和她有發展。她那麼美，非常受歡迎，我認為她不會真心對我，她習慣了男人膜拜的眼神。所以我決定只跟她當朋友。」

然而兩人還是在一起，並且訂了婚。只不過，查爾斯仍走不出過往的情傷。

「我怎樣都擺脫不了那段回憶，最糟糕的是和凱莉親熱時，我甚至不敢看她，因為太害怕過去重現。」他難過地說。

壓抑的情緒深藏心底

我們制訂了一個改善計劃，我提議重新調整他的習慣機制。我徵詢凱莉的意見，請她同意在接下來的一段時間裡，不要跟查爾斯親熱，他的「回家作業」就是進行其他能讓他興奮的幻想，我想在他的腦中建立新的連結。凱莉很贊成這項提議，查爾斯也成功地完成了第一步訓練。但是接下來，當我要他想像和凱莉親熱時，他卻沒有了反應。

「想著凱莉時，你有什麼感覺？」

「沒感覺，我的身體冷掉了。」

「好吧，這應該事出有因。你們現在的相處有什麼問題嗎？」

「就像你說的，最近一段時間我們沒怎麼親熱，相處的時間也比以前少。她經常和朋友出去聚會，而我……我很嫉妒，也很害怕。」

我問他，這份嫉妒和恐懼感從何而來。

「我總是問她去哪裡、和誰一起去。」

「你認為她做了什麼呢？」

「不知道，我像是有妄想症。」

「這種非理性的思維和感受是正常的，我們現在來檢視一下。」

「我擔心她和其他男人勾搭，甚至上床。」

「這會讓你感到興奮嗎？」

「其實不會。」

「很好！這就是進步。」

查爾斯現在感受到自己內心的想法，也沒有將這種感覺轉變成性幻想，不過他們兩人的關係並沒有什麼起色。諮商開始讓他恐懼，凱莉也疏遠他。查爾斯開始覺得不安，一想到凱莉獨自出門，就擔心她會遇到別的男人。

我認為可以讓查爾斯在恐懼感襲來時，進行自我治療。

我要他在心裡，自己和自己交談：「**我們都有不安全感，這是一種讓人難受的感覺。我們不用抗拒它，這不是什麼大事，這種感覺會消失的……**」

聽到我的建議，查爾斯非常激動，好像恨不得給我一巴掌。他的臉漲得通紅，眉頭緊皺，雙眼死死地盯著我，似乎在說：「我那麼焦慮，這就是你給我的建議？都是老套！真奇怪，要我和自己對話？」

他說得沒錯。過去八年裡，被他壓抑的情緒一直深藏於心底，這種情緒不是幾句老話就可以化解的。接下來他將面臨的真正挑戰就是——**「面對」這種焦慮**。

「他怎麼敢看其他女人？」

這時，凱莉要求單獨見我。

距離上回見到她已過了一段時間，我不明白她為什麼要疏遠查爾斯，也不知道她是否還打算和他結婚。我們見面後，她表示查爾斯的行為改變讓她覺得心煩，因為他開始做一件以前從未做過的事——搭訕其他女人，而她從未想過他會這樣做。

哦，不！我心想。他到底在幹麼啊？

凱莉之所以被查爾斯吸引，是因為他看起來令人安心，長得不太帥，但為人誠實，仰慕她、尊重她，認為跟她在一起是自己的幸運。到目前為止，她一直都是這麼想，對感情感到焦慮時，她也總是用這種想法來控制。如今她產生不安全感，因為回想起過去和長得帥的花花公子交往時的感受，為此，她憤憤不平。

「以前查爾斯總是誇我很漂亮，說我對他很重要。但突然間，他不再這樣說了，也不像以前對我那麼深情。我們出門時，我察覺到他在對其他女人獻殷勤。」凱莉顯得十分生氣，「我們去餐廳吃飯，我說話的時候，他會看別的地方。身為他的女友，居然還要跟別人競爭才能獲得他的關注，我很討厭這一點。現在我會趕在他之前先偷看其他女人，就像在偵測威脅，只要發現他多看別人一眼，我就會生氣地心想：有什麼好看的！」

「如果他覺得其他女人更吸引他，你有什麼感覺？」我問。

「我從沒想過這一點。我總認為自己才是他眼中最美的女人。」

「你就是覺得他不應該再注意別人？」

「是啊。」

「是啊，他怎麼敢呢？」我將她心裡的非理性思維說了出來。不過我理解她的感受，凱莉這種反應與我對拉米的反應相似，**我這樣說她，其實是在心裡批評自己。**

失控的虛榮心

某個夏日午後，我參加拉米的朋友舉辦的聚會。大房子裡擠滿俊男美女，伴著激情澎湃的拉丁樂曲翩翩起舞。我從廚房出來時，發現拉米和一個不知是委內瑞拉還是哥倫比亞的女人熱情聊天，反正那些國家的女人就是非常性感。見他和那個陌生美女興致勃勃地聊天，讓我感覺很不舒服。拉米看到我，叫我過去，然後向我介紹她，說她是一位朋友的朋友。我不記得實際過程，但那時我對拉米的反常行為思考許久：他看起來對我很熱情，可是幫那個女人拿了飲料，卻忘了也幫我拿一杯。我禮貌地微笑著坐在那裡，然後找個藉口離開，去另一個房間待著。

拉米找到我，一眼就看出我不開心，他雙臂環抱著我，跟我說了幾句甜言蜜語。接著另一個女人經過，也是一個拉丁美女，一頭濃密的黑色長髮，身材性感又火辣，就連看一眼都覺得晃眼。看著她，拉米的眼裡有了光彩，他站起來，叫了她一聲。我不認識那個女的。

「哦，天啊！嗨，拉米！」她向他打招呼。

我走到一旁和一個閨密聊天，她一直在旁邊看著我們。

「我做不到像你這樣平靜，」她說：「真不知道你是怎麼辦到的。」

這話讓我感到氣惱。我到底是怎麼了?!

每當我們一起出現在公共場合，都會發生這種情況。有時候，他還會接到他稱為「普通朋友」打來的電話。我問起來，他便很含糊地說：「哦，就是瑪塞拉（或是露絲、瑪麗亞）啊，不用擔心。」好像我這樣問是妄想發作。

最糟糕的是，他接聽這些電話、看著這些女人時，總會非常熱情，似乎非常熱衷於取悅她們。這時我就像心愛的東西被搶走一樣，我不再是過去那個光鮮亮麗的女人，相反地，我覺得自己的存在毫無價值可言。

我開始失去理智。

那之後不久，我對拉米總是花時間去陪他的新任女律師而惱火，他會帶她吃午飯、參加各種晚宴等。我質問拉米為什麼老帶著她。「別擔心，」他這樣回答，「她是我的新朋友，而且她一點也不性感。」

幾天後，他約了她和我們一起吃晚飯，說把這個「不性感」的女人介紹給我，會讓我不那麼焦慮。她帶著微笑翩然而至，看上去十分迷人。當時我真想發火，但她非常優雅，對我彬彬有禮，我只好忍住情緒，保持沉默。她離開以後，我想跟拉米說說這件事——他竟然睡著了。

我躺在他身旁，毫無睡意，而且滿腔怒火。我生氣的時候，他怎麼敢睡覺?!

我惱怒地爬起來，去廚房裝了一桶冰水後跑回臥室，淋在他身上。他睡得正香，還在打呼，一桶冷水澆下讓他跳下床，我也逃出房間。他全身濕淋淋地跑出來，追著我繞著房子跑，兩個人邊跑，邊尖聲大叫，最後我們都大笑起來。半個小時後，我們一起躺在床上沒有濕的那一側。

因為嫉妒，我們做過很多這樣的傻事。有時我們出門，他會說：「你在看別的男人！我知道你看了！你還對他微笑！」他會生氣、不跟我說話，然後說：「走吧，算了！」

接著我們會回家親熱，這已經成了我們慣常的相處模式。

那個女律師的事情過了之後，拉米和我就此聊了聊。他承認是為了讓我嫉妒，這讓他更有安全感，他總會因為我而產生嫉妒。冷靜下來後，我才意識到：無論拉米怎樣對我，**失去控制的是我自己的虛榮心。**

「我夠好嗎？」暗藏自我懷疑

凱莉因查爾斯的行為深感痛苦，我不想讓她太過惱怒。「你在擔心什麼？」我問她。

「我覺得他對我不感興趣了。」

「你的意思是，他看了別的女人就代表你對他失去吸引力，是嗎？」

「我就沒那麼大的魅力了啊，我是說——」

「你希望查爾斯認為你是特別的。事實上，你選擇了一個你認為會珍惜、仰慕你的男人。」

看到凱莉的表情，我就知道自己說到重點，但是她卻不想仔細分析。「他表現得就像我以前認識的其他男人。」她說。

「以前你遭遇過背叛嗎？」

「也許吧，我也不是很清楚。但我認識過那種男人，他們會當著我的面勾搭別的女人，好像自己很有魅力似的。」

當著女友的面與其他女人調情，這種行為特別令女性傷心，這種威脅比真正的背叛更具殺傷力。他朝別人微微一笑、當眾看別人一眼、對別人的出現感到高興、花時間和別的女人聊天、在你面前注意別的女人……然後你就會想像他可能與別的女人曖昧，心中浮現恐懼，使你陷入長期的自我懷疑，忍不住會想：「**我夠好嗎？**」

如果你對自己問出這個問題，那是很糟糕的。**這個問題暗藏陷阱**。你可能不會直接問出上述問題，但是**心裡會給自己「我還不夠好」的暗示，而這會讓你更加擔心，對你們的感情更加不確定**。我開始回憶自己曾經被這個問題困擾的經歷。

對感情的全新認知

那是一個工作日的早上，上班前，我正在梳妝準備，一切都很正常，但當我看到鏡中自己的臉時，吃了一驚：哦，天啊！我想——我居然看到臉上的皺紋，有兩道皺紋在額頭上，就在左眼上方。我靠近鏡子仔細觀察，瞪大眼睛看皺紋的長度和深度，然後退後一步，不斷轉頭以便從各個角度觀察皺紋。我很恐慌：應該梳劉海來蓋住皺紋嗎？應該搬去郊區，提前退休嗎？好吧，我承認自己太激動了。

遇到鏡子或走到光線比較強的地方時，我就觀察自己的臉看皺紋還在不在。有時皺紋看起來消失了，我就不那麼緊張，但過不了多久，皺紋又出現了。我開始留心臉上所有的歲月痕跡：左眼皮好像下垂了；皮膚狀態因長期曬太陽而變差……好了，我完了！我再也沒辦法獲得拉米關注了。越來越多次，我出門趕地鐵上班，甚至還未開始工作時，心情就已經很糟。

我是怎麼落到這個地步的？以前我出門時，明明對自己很有自信，為什麼這麼快就覺得自己毫無價值、毫無吸引力？這不是真正的我！過去，我都是快樂地醒來，蹦蹦跳跳地去工作。現在我不斷地在鏡中搜尋歲月的痕跡，這代表我的魅力正在消退。

我怎麼變得不認識自己了？

我們都喜歡受人矚目的感覺。別人看著你、熱切地想了解你，聽你說話、觸碰你的身體時，他們雙眼會發光。我們都認為他人是因為我們特別出眾的特質，才對我們做出這樣的反應，我們都想得到特殊對待。

凱莉現在明白了，除了自己，這世上還有很多別的美女。查爾斯某天可能會遇到其他女人，甚至可能離開她。面對感情時，我們都會有這種不確定的感覺，而且都認為自身的特別之處能維繫與他人的感情關係。查爾斯這種新的行為模式，讓凱莉對兩人的感情有了新的認知。

你是否有價值，與伴侶的關注無關

毋庸置疑，**我們與他人的關係，主要反映了「我們與自己的關係」。別人就像我們身邊的鏡子，映照出我們自己的樣子。**孩子是什麼樣子看他的母親便知，心理師反映著案主的情況，夫妻和情侶也是彼此的鏡子。事實上，在心理治療中，這也是一種診治技巧，稱為「鏡像效應」，我們用這種技巧讓案主建立自我感和現實感。心理師若是對案主做出積極反饋，會帶給他們力量，為他們帶來積極的影響。案主有時候覺得愛上了自己的心理師，正是這個原因。

鏡像效應證明了我們的存在。在一個沒有人情味的世界裡，若有人想深入了解你的內心，這是最好的體驗方式。最佳讚美來自他人，別人友善、和樂地對待你，就是對你的價值最好的證明，你也會因此覺得自己很有價值。這種價值體現在與他人的關係中，而不是別人的看法和評價。

我們都希望獲得正面、積極的反饋，這是人身為社會性動物的重要特性之一，不應該全被視為自戀。若是過分追求他人讚美，我們確實會變得自戀，這時就可以用鏡像效應來處理。許多騙子就是這樣得逞的，他們不只是膚淺地奉承，而是透過洞察他人的內心，以一種積極、正面的方式將別人的心思展現出來。

問題在於人若是過於依賴他人的這種反饋，就會失去自省能力。那麼**在什麼情況下，他人的反饋才有這麼大的力量，甚至讓人失去自省能力？就是當你開始思考「自己夠不夠好」的時候**。

查爾斯不再讚美凱莉，讓凱莉內心那個特別而美麗、深受喜愛的自我感到很受傷。我想鼓勵她，讓她相信即使沒有查爾斯，她也很優秀。我想讓凱莉相信：**自己是否有價值，與男友的關注、讚美無關。**

查爾斯和凱莉展開一種特殊的關係，兩人一旦投入其中，便都失去了主見。如今凱莉開始思索查爾斯為什麼突然注意別的女人，這讓我很難引導她重新關注自己。

「缺乏安全感」的究竟是誰？

一晚，我和一群女性朋友在一家時髦餐廳吃飯。我們坐在大桌子旁，我問：「男友看別的女人時，你們會生氣嗎？」大家對這個問題展開熱烈討論，開始爭辯誰沒有安全感、誰有安全感。有朋友說男友偷瞄別人，她們一點也不介意，認為這很自然，她們沒什麼危機感。還有人說她們也會看其他女人，或者先發制人地稱讚哪個女人好看，但不能一直看。有些朋友則認為男友偷瞄其他女人是不禮貌的，令人不悅。

我最好的朋友對我從工作聽來的可怖渣男故事，絲毫不放在心上。她總會帶著憐憫的神情看著我，好像在說：你這個可憐的傢伙什麼都不懂。那晚她告訴我們，她的前男友曾說：「男人成天想著性，想要和眼前的所有女人上床：祕書、郵局排在前方的豐滿女人、死黨的母親、咖啡館櫃檯有頸部刺青的紅髮服務生……」

聽前男友這麼說時，她感到很欣慰。

真想不通這段話為什麼會令她欣慰。

「和男友一起享受浪漫晚餐時，我可不希望他還想著替我們服務的女侍。」我說。

「重點是他什麼都沒做。」她說：「這才是關鍵。」

「那也傷我的自尊。」我說：「我希望我是我男友遇過最美、最性感的女人，希望他完全為我傾倒，即使有美女服務生對他示好，他也不為所動。」

朋友都知道我和拉米的事，也都清楚缺乏安全感的是誰。但我認為問題不在我身上。沒錯，我是朝拉米澆了一桶水，但刺激女友做出這種行為的他呢？他是不是也有問題？

因不安而懲罰所愛

輪到查爾斯單獨諮商，我想知道他希望凱莉嫉妒的行為有何效果，也想找到自己疑問的答案。

「凱莉總是眾人目光的焦點，」查爾斯說：「常有男人當著我的面向她示好。即使明知我在身邊、對她多痴情，知道我因為她而覺得幸福，她還是很享受那些注目。我恨透那種感覺，但是現在我扭轉了局面。」

「你想透過這種行為表達什麼呢？」

「我身邊也有其他女人。」

「這讓你感覺很好嗎？」

「是的，當然，我感覺好多了。她現在需要努力贏得我的關注，也就是說，她得和其他女人競爭。」查爾斯驕傲地說。

「你希望這種行為給她什麼樣的感覺？」我問，心裡產生不平。

「為擁有我而感到幸運，因得到我的愛而感恩。」

「她有沒有讓你知道她的感受？」

「她說她很生氣。」

「這聽起來與感恩無關，查爾斯，你是為了自己。但你這樣做只會讓她質疑起自己的價值，而不會想到你。**你想要有穩定感、掌控感和安全感，不過卻是以犧牲她為代價。**」

「我又沒有真的找別的女人，沒關係的。」

「我認為我們應該找一種更好的方式，來控制你的恐懼感。其他男人總是對凱莉多看幾眼，對於這一點，你有什麼感覺？」

「我覺得自己不重要，忍不住問自己：這些男人能給她什麼我給不了的？」

「好的，查爾斯，我明白了。」我說：「你不想失去凱莉。但你不需要做不正常的舉動，這會讓你對自己的感覺更好。」

我建議他下次跟凱莉在一起時深呼吸，審視自己的內心，關心自己的價值。

「我希望你這樣做：對這種恐懼『感恩』，它意味著你愛凱莉，不想失去她，這是好事。但你要集中注意力將這份恐懼轉化為感恩，感恩你和凱莉的感情，這種感情是其他男人無法與凱莉一起享受的。」

「我猜我先前那樣做，是在破壞我們的感情。」

查爾斯想走捷徑。他發現操縱自我使他感覺更好，而且因自己的不安全感懲罰凱莉，就不需要處理困擾自己的焦慮感。如今，我讓他直面自己內心的恐懼，希望他能真正地做出改變。他已經明白了基本概念，我也感覺他相信自己能實現這個目標，但是案主在進行心理諮商時，最大的問題在於感情變化並沒有發生，因為他們只在一、兩次諮商中提到過改變。然而，**沒有什麼神奇藥方，只要一用就能讓所有痛苦永遠消失，只有勇於嘗試處理不斷湧現的情緒、感情的新方法，痛苦才會消失。**

失控的恐懼，讓悲劇重演

接下來的幾次會談，查爾斯都說進展緩慢，接著我們讓凱莉也加入。我認為我們應該討論如何處理「嫉妒」的問題，但是凱莉有了新的想法。

「查爾斯！」我們準備好之後，她突然開口叫道：「我要告訴你一件事：有一晚，我和我的朋友賈斯汀出去過夜了，我們發生了關係。」凱莉嚴肅地看著查爾斯，毫無後悔之意，態度也有些冰冷。

聽到這話，查爾斯感到不知所措，他低語：「真不敢相信！」接著他轉過頭不看我們，胸口劇烈起伏著。

「你忽視我，查爾斯。我覺得你不愛我了。」

「但我愛你啊，我——」

「賈斯汀讓我有你曾給過我的感覺，我需要那樣的關注和關心。」

「凱莉，聽起來，你並不後悔？」我插話。

「沒錯，我好氣他！」說著，她哭了起來。

「你是在懲罰他。」

「我想分手。」最後她說。聽到這話，查爾斯哭了。

「凱莉！」我提高了聲音說：「我希望你停下來，等我們仔細了解你的感受後，你再繼續說，好嗎？」

「算了吧，」她回應，「我受夠了，受夠他詭異的性幻想和對我的忽視。」她憤怒地說。

「我就知道，我就知道會這樣！」查爾斯崩潰地喊道：「我知道她終究會背叛我。」

凱莉擦乾眼淚，起身離開。

這次會談失控了。我心想，經過這麼多努力，查爾斯再次經歷了感情創傷。凱莉離開後，他仍然因她坦承的事情震驚不已，就像多年前在婚禮當天聽說未婚妻的事情後愣在當場，他眼神空洞，神情僵硬，身體僵直。

「查爾斯，回過神來。」我說：「站起來，深呼吸，跺一跺腳。查爾斯，感受一下，你**現在**很安全。」

我看著他緊握雙拳，眼中逐漸有了神采。他大吼一聲，我站在他身旁，看著他先是激動，最後頹喪。

查爾斯親手炮製了自己最害怕面對的事情，讓過去發生的悲劇重演。雖然凱莉曾經抗議過，但他仍一意孤行。

他將凱莉視為理想的結婚對象，要求她表演他曾經歷的那場情傷，然後假裝自己是玩弄女性的男人。**他將自己的恐懼透過她發洩出來**，最後令她憤怒不已，而這也反映了他心裡掩藏多年的怒火。這種性幻想就像玻璃瓶的軟木塞，將他的憤怒囚禁在心底，一旦拔掉塞子，憤怒便爆發出來。

查爾斯並未脫離前任未婚妻造成的陰影，他仍然被困在裡面，沒有走出悲傷和難過。他沒有表現出憤怒，沒有與前任未婚妻討價還價。但他也**沒有接受事實，只想透過幻想化解情緒**。

除了自己，沒有人能消除我們的不安

這對戀人最終分道揚鑣，讓我很失望。其實他們深愛彼此，卻都因害怕遭到背叛而情緒失控，最終凱莉出軌。

我思索了一下我們因應這種瘋狂嫉妒的方式。查爾斯、凱莉、拉米和我自己，我們都沒有處理好自己的「恐懼」，都像對待燙手山芋一樣將這種情緒丟開。人們有時需要愛，有時又害怕愛——但是要澄清一點，我們不是真正害怕愛，沒有人會害怕愛，愛是很美好的。更準確地說，**「我們是害怕失去愛」，因而要求他人承擔責任，好讓我們有安全感。**事實上，沒有人能保證我們的感情永不變質，沒有人能澈底消除我們的不安全感。

我們需要審視自己的內心，掌握心中湧出的恐懼感。

查爾斯繼續來見我，他意識到需要掙脫那場情傷的束縛。「我讓凱莉變成了這樣，我是這次事件的罪魁禍首。我需要對這些問題負責。」他說。他恢復得很好，在這段時間裡，他透過與我對話，摸索出適合自己的方法，逐漸擺脫過去的悲劇帶來的影響。我現在明白為什麼擺脫過去的陰影那麼難了，因為「嫉妒」、「恐懼」和「憤怒」這三種情緒交織在一起。

然而要控制嫉妒，還需要控制自己。因為自我價值與感情對我們來說都很重要，我們需要維持這中間的平衡。凱莉找了別的男人以重建自我、重新樹立自信。事實上，她也想懲罰查爾斯，這滿足了她的自戀心理。

對我來說，為查爾斯做諮商讓我面對了同樣的問題。我明白我的自我價值感在逐漸降低，也意識到我是怎樣處理類似的問題。像凱莉一樣，我覺得我也失去了支撐，然而，**我選擇了「在任何情況下，都重視自己」**。我可以去找拉米，要他為自己的行為負責，但**我對自己的感覺，應該完全由我自己決定**。畢竟在我們建立感情關係之初，我就提醒自己要完全坦露自我。

對於搭訕女人的問題，我要了解，與他人比較是不公平的。我不應該和別人做比較，只需要放鬆心情去欣賞他人的天賦和才華。事實上，我已經開始這樣做了，如果和拉米出門時，遇到某個俄羅斯美女或年輕的澳洲美人跟他打招呼，我會控制自己的情緒，放慢呼吸，勸自己冷靜。

這是個分水嶺，顯示我終於能處理自己心中累積的不安全感。我不想有渺小感，**我想擁抱自己的美麗，好好享受自己的美貌和魅力，讓自己每走一步都感到自豪，無論他是否看見我。**

至於皺紋，那又如何？這場感情危機與皺紋無關，也跟瑪塞拉、露絲或瑪麗亞無關。這意味著我需要「為自己療傷」。皺紋無法奪去我的光彩，照鏡子時，我會欣賞鏡中的自己，不再對臉上的皺紋耿耿於懷。我欣賞自己這個人，即便身邊有我欽佩和在乎的人，我仍會欣賞自己。

這樣做能帶給我們力量，讓我們克服陷入愛情而生的脆弱。

「在家裡，我覺得自己很沒用。」

我收到一封email——那位寄件人，我從沒想過還會再與他聯繫。他叫史蒂夫，是一位帥氣又成功的房地產商人，擁有一艘很棒的帆船。遇見拉米之前，我曾與他短暫地交往過。

史蒂夫的來信內容很簡單，他希望我還記得他，說需要問我一個重要的問題，至於我是否結婚或有沒有男友都沒關係，他的出發點是友好的。信中寫道：「我現在住在舊金山，不管你住在哪裡，我都想去見你，因為我想找你談談。」

他就是這樣，不寒暄或恭維，也不提自己的生活，更沒問我過得如何。我懷疑他只是想找我吃個飯，順便聊聊天好讓我開心。說實話，分手後，我再也沒有想過他。

除了妻子以外的「唯一」？

那時我們只約會過幾次，他就帶我去他「家」，那是位於海邊的一間頂樓套房，雖然屋裡的擺飾都很有品味，但是不像住所，更像是樣品屋，我在屋裡沒看見任何照片、信箋或個人紀念品等陳設。他可能是極簡主義或者有潔癖，但直覺告訴我，他不屬於這兩種情況。我們在床上接吻，趁他去廁所時，我衝下床去打開衣櫃，發現裡面空無一物——連一只髒襪子都沒有。天啊！我這才知道他根本不住在那裡。

我質問史蒂夫，他才坦承自己已婚，而且有小孩，幾年前，他租下這間房子好方便約會。聽到這個回答，我感到被羞辱。他說他的婚姻不幸福，所以和不同女人約會，想要等找到真正愛的對象再和妻子離婚。他還說，他是「真的對我有感覺」。

他對我有沒有感覺並不重要，我完全無法相信這種口是心非的男人，所以立刻離開了。

但他不死心，接下來數週一直傳訊息、寫email來，說他覺得我很特別，甚至宣稱不會再和別的女人來往——這對他來說無疑是巨大的犧牲。他說我是除了他妻子以外的「唯一」。這是多大的「尊榮」啊！我就是他的小三，彷彿只要取代了他的妻子，就會成為他的「王后」。

我叫他以後別再聯絡了。

雖然實在沒理由再和他見面，但我很好奇，認為或許能學到什麼來協助我的案主。於是我回信說我現在住紐約，歡迎他來，我會請他喝杯咖啡。史蒂夫回信表示他幾天內就會趕過來。

感情觀迥異的五個男人

我根本沒空多想史蒂夫的事。我太忙了，除了個案諮商，每週還召開一次男性團體治療，共有五名成員，我也會與他們個別會談。我對他們保證我會守密，讓他們能在我面前暢所欲言。

我們的團體治療沒有什麼規則，我也從未設計過會談主題，他們可以聊任何想談的話題，我從來無法預料可能會聊到什麼。

我們沒有什麼章程，所以大家都可以發言，不分先後順序，看他們隨機應變也是很有趣的事情。我請他們放下所有與社會地位有關的成見，在這個團體裡，他們都是平等的。

一開始，成員們經常保持沉默，這會讓彼此感到焦慮，總在暗想誰會先開始，於是引出這些問題：誰來決定他們說的話是否值得聽？誰是主導者？誰在團體中滔滔不絕？誰又會制止他？或者，誰認為自己沒提過有用的建議？即使如此，他是不是也應該獲得支持？他們提出的建議，別人能不能接受？在團體中分享自己的經歷和故事，其他人能否接受？他們需要幫別人解決問題嗎？他們是應該努力履行主導者的職責，還是逃避這種職責呢？

我覺得看他們相互競爭很有趣，總有人會成為主導者，而其他人則自動接受配角的角色。

團體治療的成員有巴迪、奧斯卡、約翰、安東尼和安德魯。

安東尼是法裔音樂家，非常性感、迷人，卻因一場感情變故而心碎。他的穿著就像演員詹姆斯・狄恩一樣帥氣，也極富個性，身為藝術家，態度和行為都很新潮。他多愁善感，膚色黝黑，鬍鬚濃密。

安德魯喜歡穿西裝，打紅色或藍色領帶。他為人拘謹，舉止優雅，不善和人寒暄或閒聊，與人相處時總顯得格格不入。十年前，他因為不再愛妻子，和她離婚了，此後一直是單身。

巴迪是郵局主管，很瘦、禿頭，自我中心又固執己見、愛出風頭。無論什麼事，他都要和人爭論半天。

約翰非常喜歡女人。他經常穿得像學生，表現得不太世故。不過，他不相信女人，所以沒有與任何女性保持長期關係。

奧斯卡有大男人主義，覺得自己一定要體驗一場婚外情，不把女人當回事。他自己開公司，從不隱藏心事。我覺得奧斯卡這個人不討人喜歡，所以並未真正關心過他。

她滿足了你什麼？

一晚，奧斯卡宣稱他不確定是應該和妻子諾拉繼續婚姻，還是離婚，好跟另一個女人謝麗在一起。這番話引起熱烈討論。

謝麗是奧斯卡的祕書，掌管財務，是個單親媽媽。兩人的關係持續近一年，他安排謝麗住在公司附近好金屋藏嬌。

經過一個月單獨諮商，奧斯卡仍然猶豫不決，於是在團體會談中提出這個問題，希望其他人能幫忙釐清思緒。「我也不知道是不是真的愛謝麗。」他說：「也許我只是有點痴迷吧。跟她在一起時，我的確有激情，和妻子在一起卻沒感覺。我認為這表示我應該和太太分開。」

「謝麗滿足了你什麼需要呢？」約翰問。五個人之中，他是在我這裡諮商最久的，提問的時候常說臨床用語。

「需要？我妻子無法滿足的，謝麗都能滿足。」奧斯卡說：「她關心我、愛我，什麼都願意為我做，跟我親熱時很熱情。但我太太只關心小孩，我下班回家，她幾乎從來都注意不到。不過，最近她發現了我和謝麗的關係。」

「那她怎麼反應？」我問。

「她氣炸了。」奧斯卡回答。

不久，情況變得更糟——奧斯卡告訴大家上述故事的幾天後，他的妻子諾拉來找我。「真傷人，他既沒有說『好好照顧自己，我愛你』，也不關心孩子們，只說我應該滿足他的各種性幻想，然後就甩門出去了。」她崩潰地說：「他無視我對家庭的付出！」

奧斯卡最終還是回家了，諾拉也讓他進門，卻不讓他睡在臥室裡。諾拉似乎想要化解他們之間的衝突，然而奧斯卡仍然在猶豫要不要離婚。

奧斯卡居然想結束婚姻，這令人感到不可思議，但我認為他之所以這樣想，是因為他在這段感情中覺得自己很無力。

單獨諮商時，他告訴過我，諾拉的學歷比他高，家裡也很有錢。「我無法用社會地位和財富打動她。」奧斯卡抱怨，「這令我感到驚恐。」

女人能為你做任何事，為何對你那麼重要？

下一次團體治療時，我提到他說的話，並且對奧斯卡說：「上回你告訴我們，謝麗最好的

「在家裡，我覺得自己很沒用。」

就是為了你，她做什麼都願意。你也告訴諾拉要讓你回心轉意，她必須滿足你的性幻想。那麼，**你為什麼覺得，女人能為你做任何事，對你而言很重要呢？**」

奧斯卡還沒來得及開口，巴迪就搶先回答：「權力。在雙方的關係中，能夠完全掌控對方的權力。」其餘的人聽了也都心領神會地點點頭。

「你有什麼想法？」我問奧斯卡。

「什麼想法？說得沒錯啊。」

「你有自己的公司，」約翰說：「難道權力還不夠大嗎？」

「那不同。」奧斯卡說。

「有什麼不同？跟讓女人順從你、圍著你轉、甘願做任何事的權力不同嗎？」約翰繼續問。

「我認為權力能改變人，它讓我渴望擁有更大的權力。」奧斯卡說。

「的確如此，」巴迪說：「你沉醉於權力，就會想得到更多，迷失自我。」

「你有過無力感嗎？」約翰問，然後瞥了我一眼，想贏得我的讚賞。

奧斯卡沒有馬上回答，而是仔細思考了一會。約翰不耐煩地說：「我覺得你——」我舉起手來，示意他不要說話。

約翰和巴迪都是很有自信的人，總是爭著當主導者，而且會相互競爭以引起我的注意。兩人都像好學的學生，會模仿我提問題，對臨床用語也都掌握得不錯，但並不表示他們更明事理。約翰的好勝心很強，總喜歡和別人競爭，這又引來巴迪反擊。他們有各自的問題，如果我不謹慎些，兩人就會爭論不休。

我想制止兩人爭論，此時奧斯卡似乎想到什麼事。

「讓奧斯卡好好想想。」我說。

聽到這話，約翰有點情緒地扁著嘴。他不喜歡被迫保持沉默。

「在家裡，我覺得自己很沒用……」

終於，奧斯卡輕聲地說：「有好多年，我受到我哥哥性侵。」他逼自己看著大家，所有人都大受震驚。「我不能告訴我媽，因為她更愛我哥哥。」

聽到這個令人驚愕的消息，大家都不知道該做出什麼樣的反應，也包括我，因為我不曉得還有這個故事。

現場陷入一片死寂。

「你們太安靜啦……」我打破沉默。

大部分男人很難表達對別人的同情，他們也一樣，不過既然奧斯卡說出來了，他就需要得到別人的回應。

奧斯卡等待著，看起來很尷尬，我也有這種感覺。他們一直不出聲，讓我有點生氣。終於，巴迪打破了沉默，有點生硬地說：「我不知道該說什麼。」

「哇，謝謝你說出這句話，兄弟。」安東尼說。我本來以為他一直沉默是在想什麼事，其實他一直都在傾聽。

「是啊，我也不知道該說什麼，兄弟。」約翰說。

「嗯，謝謝你們。」我轉頭去問奧斯卡，「那你為什麼選擇告訴我們這件事呢？」

「我認為在那些年裡，我哥控制了我。」奧斯卡說：「現在我可以控制別人了。有一段時間，我認為我完全掌控了謝麗，但現在我知道並非如此，因為是我完全被她迷住了。」

「和你太太在一起時，你覺得自己強勢嗎？」巴迪問。

「不覺得。」

「我明白了，呵呵。」巴迪說著，揶揄地笑道。

「家裡的一切都由我妻子作主，」奧斯卡說：「我知道是因為我經常不在家。但是在家時，我感覺自己很沒用。對我太太來說，我就像提款機。我覺得無論自己做什麼，她都不會欣賞。」

我聽過太多這樣的抱怨，真希望將這句話告訴所有女人。**請記住：對男人而言，你的欣賞和**

感激非常重要。

「所以別人控制你，會讓你生氣。」安東尼說。

「遭受過長期性侵害的人有這種情緒很合理。」我說。

「我更喜歡會欣賞和感激我給予她的一切、願意做任何事取悅我的女人。」奧斯卡說。

「這讓你感到很有力、很強勢。」巴迪說。到目前為止，我看出他和奧斯卡的觀點一致。

「是的，我很需要這種感覺。」

有權勢的男人，喜歡權勢「不對等」

有權勢的男人往往喜歡比自己更強勢或更弱勢的女人，他們喜歡權勢「不對等」。

謝麗自然是有魅力的，她很聰明地識破奧斯卡對權力的渴望，並加以利用。她讓自己變成奧斯卡的附屬品，讓他感受到希望擁有的力量和權勢，並給她經濟支援作為回報。

不過，謝麗也逼迫奧斯卡建立長久的關係，希望他離婚並娶她，奧斯卡向謝麗聲明自己不會離婚，但她還是步步進逼。為了對他施壓，她會在奧斯卡上班時，打電話跟他說打算和朋友們去酒吧玩通宵，奧斯卡卻得回家陪家人；然後她會傳訊息給他，說她玩得多開心，以及很想他——她不會直接威脅奧斯卡，卻總在提醒他，那個滿足他幻想的女人是單身，而且可能會去滿足其他男人。

這個潛在威脅讓奧斯卡膽戰心驚。謝麗在玩弄奧斯卡的控制欲：每天他都感到快慰，儘管謝麗有許多選擇（其實只是她營造的假象），她卻選了自己；他一整晚都在擔憂謝麗的行蹤，陷入對她的痴迷。

要讓別人對你痴迷很容易，只要讓他們的自我意識膨脹即可。關鍵在於行為研究中最基本的原則之一：「強化」。這種強化可以是有計劃、可預見的，例如每週五發薪水、每個情人節都上床等。你知道計劃、能夠預見結果，並因而做出承諾，一整週都會去上班，每年二月都會買一大盒心形巧克力。然而，這也讓你失去一些激情。

間歇性的強化效果更好，整個過程都是隨興的，你猜不到何時能收效。在這種情況下，受試的「白老鼠」會像惡魔一樣用槓桿來獲取「食物」，希望得償所願。

由於早有打算或是熟悉情況，謝麗完全明白奧斯卡的心態。**她先付出一點點，然後再拿走，**使奧斯卡困惑不已，如此一來，**當他再次得到自己想要的，就會很激動。這就是奧斯卡所理解的「激情」**。

一時痴迷？自我滿足？還是真愛？

「過去你對妻子有這種激情嗎？」巴迪問。

「有，很長的一段時間，我對她充滿熱情，愛她強悍的個性。然而她太強勢，我厭倦了。」

「你似乎對妻子很不滿，」我說：「我在想，這是出於對哥哥的憤怒。而且你說母親更喜歡你哥哥。」

「你的意思是，我把那些情緒發洩在太太身上？」奧斯卡問。

「也許是吧。」我說：「**嚴重的情緒問題會浮出水面，讓你的愛黯然失色。愛也許仍然存在，但無法被感知**。這種情況經常發生，人們會認為愛消失了，而事實上，你的憤怒告訴我，愛仍然存在。」

「如果連憤怒都沒有，那就真的沒有愛了。」安德魯插話，「我和太太離婚也是因為這個原因。我覺得這個決定做對了，離婚後，我過得很好。」

「那你為什麼來諮商？」奧斯卡問：「你單身十年了，感情關係如何？」

對於這個問題，安德魯胸有成竹，很快便回答：「我就是還沒遇到來電的人。」

在這個團體中，安德魯是所謂的「局外人」。他總是坐得離大家有點距離，偶爾在團體會談前後友好地與其他人討論一會。有人求助時，他也很少發言，一開口便盛氣凌人地提出意見。他是五名成員中最難溝通的人，我解答他的提問時，他總要先等我解釋一番，再判斷我說的對不對。表面平靜的他，內心卻藏著一股憤怒的暗流。他酗酒，認為這可以「改善」自己的情緒，因為「沒有好酒和女人，人生如同荒漠」。安德魯不喜歡日常的老套，他把我看得像威士忌和其他女人一樣，希望我能帶給他興奮感。

「我常約女人出去，但是如果覺得對方沒什麼意思，就會放生。我就是沒有遇到能夠完全吸引我的對象。」安德魯對奧斯卡說，語氣裡隱含不想繼續聊這個話題的意思。

「也許沒有吸引力的人是你自己吧。」奧斯卡反擊說。

我本來想說話，但安東尼插話說：「**如果你想要感受愛，就應該關心對方**，兄弟。我的問題就是我太關心對方，感受的愛太多了。愛得太多，所以也傷得重。我仍然愛著過去的戀人。」

安德魯聽了咬咬牙，又搖搖頭。

「安德魯，你沒有好好了解我們團體的成員，」安東尼繼續說：「我想你對女人也是如此。你必須投入，兄弟。你要向女人打開心，欣賞她們的美，找到她們的魅力。每個人都有吸引力，你也是。」

令我意外的是，安德魯並未批評安東尼的這番分析。「我覺得我的生活優渥，工作很不錯，還有棟好房子，」安東尼說著聳聳肩，「但從未想過我會過得如此空虛。」

「我認為我非常愛女人，」安東尼說：「總想要得到她們。她們的容貌令我著迷，可愛的身體讓我沉醉，我很喜歡接觸她們。我陷入愛裡無法自拔，獨自一人時睡不著，沒有女神的眷顧，我簡直什麼也做不了。她們離開，我也不想活了。」最後他總結說：「但現在我知道了，以前我不夠愛自己。」

「我也想要那種愉悅感。」安德魯說：「我知道這種感受是存在的，以前我曾有過。」

「安德魯想要感受激情。」我問大家：「這就是『愛』嗎？」

從本質上而言，我面前的所有男人都想要明白這個問題，他們對此都有強烈的感覺——但這**些感覺是準確的嗎？這種激情究竟是「愛」，還是「痴迷」？是一種自我滿足感嗎？還是荷爾蒙作祟？這種感覺能夠用來維繫一段感情嗎？**

「安東尼講出了對大家來說都很重要的內容，」我說：「你們有什麼想說的嗎？」

「我有個想法，」安東尼說：「我們能不能像之前的會談那樣，做一次集體冥想？」

沒有人反對。

大家閉上眼睛，我引導他們透過想像的連結，產生愛和友善的感受。這種介入法我經常運用，看起來很老套，但我不在乎，因為很管用。

這一次，我看到奧斯卡和安德魯眼中有了淚水。

這是你認為的「愛」嗎？

一個週二下午，我約史蒂夫在咖啡館見面。我遲到了幾分鐘，但他還沒到，於是我坐在一張小桌旁，點了卡布奇諾，邊喝，邊翻看報紙。

終於，史蒂夫帶著愉快的微笑現身，看起來胖了，其他沒什麼不同。他從舊金山來，對曼哈頓不熟，搭地鐵時迷了路。

史蒂夫很興奮，也有點緊張，既不想喝咖啡，也不打算閒聊。「我直接說重點，」他說：「我還沒離婚。最近我把和其他女人的事都跟我太太說了，也告訴她在這場無愛的婚姻裡，我過得多麼不幸福，但她不想和我分開，試圖製造浪漫挽回我。我告訴她，我給她十個月的時間，也就是到我們下一個結婚紀念日時，若我沒有再次愛上她，就會離婚。」

「所以，布蘭蒂……」他喘口氣，繼續說：「在我將所有感情都投入婚姻之前，為了獲得內心的平靜，我想弄清楚一件事。現在的我幾乎獲得了夢想和期待的一切：事業上功成名就，也去世界各地旅遊過，還跟許多女人有過關係，但我再也沒有感受到和你在一起時的興奮和愉悅。這麼多年來，我每天都在思念你。請你跟我說實話，這對我很重要：我想知道你是否對我也有這種感覺？」

什麼？

聽到他的話，我愣住了，不知道該說什麼。

我的沉默讓史蒂夫很緊張，他繼續說：「我覺得我已經擁有一切，再也沒有什麼讓我看得上眼。我想說，你是我見過最有魅力的女人，跟你在一起時，我的整個世界似乎都明亮了。」

我本能地轉用職業交流模式，「所以你想要更有活力。」

「是的！我想要那種歡愉感。真的很神奇，色彩繽紛的世界看起來更亮眼了！」

史蒂夫想離婚去找尋這種歡愉感，但也擔心這種感覺不長久，不確定是否要放棄過去獲得的一切，所以他想知道我對他是否有同樣的感覺。但我在想：這就是他認為的愛情嗎？男人，甚至我們所有人，追求的就是這個嗎？我明白了。

最近的團體會談主題是激情和歡愉，我想我對拉米仍然有些依戀。不過，我也漸漸醒悟了。歡愉感太美妙了，我們都應該好好享受。史蒂夫也像我的案主們一樣，想要擁有長期、極致的歡愉體驗，但在感情關係中，這種期待顯然是不切實際的。他似乎**混淆了「幸福」和「熱情」的涵義**。他根本無法忍受沒有歡愉感的生活，而將對愛情的期待都放在我身上，我真的有些同情他。

史蒂夫看起來很迷惘，和我上次見到他時沒什麼不同，但我對他一點也不感興趣。

唯有投入生活，才會有幸福感

我很確定史蒂夫也知道他沒有贏得我的心，所以他告訴我為什麼會與妻子結婚（因為她是他認識最美的女人），但很快卻發現她不適合他，而且他不喜歡和妻子親熱。不過已覆水難收，因為兩人有了孩子，他覺得要是拋妻棄子，自己會有罪惡感。

在史蒂夫看來，他被這段婚姻困住了，為了尋求補償，他開始找其他女人，然而沒有學會該如何獲得自己想要的東西。

史蒂夫說，他在我身上發現自己一直在追尋的：對生活的熱情、對小事物的感恩和欣賞、在日常生活中尋找刺激的能力、好奇心和與人交流的欲望。他覺得在我身上發現了這些特質。

而我希望他明白，**只有自己投入生活，才會有幸福感。**

「你當然會感覺和我很親近，」我告訴他，「因為這是我培養的一種技巧，並且獲得了你的回應。或許你也應該學習這種技巧去用在與妻子的相處上，而不是要求她取悅你。」

「你試圖分析我來找你的動機，好像我是你的個案一樣。」他說：「聽著，我只想知道你是否對我有這種感覺，還是一切都是我自己的幻想？」

「我沒有你說的那種感覺，我根本就沒有想過你。」我不高興地說。

「謝謝你誠實地告訴我這些，你已經幫到我了，謝謝你。」

說完，他滿意地走出咖啡館，我只能在心裡暗祝他好運。

此後，我再也沒有他的消息。

「我覺得自己很失敗。」

男人往往會對我訴說他們真正想要什麼。

通常，他們會坐在會談室的沙發上，自覺地抬起頭來，毫不猶豫地告訴我：「我想隨心所欲地找不同的女人。」「我想要多人運動。」「我想要激情。」還有人說：「這位小姐，你分析得太多了。」

無論如何，我對他們的無情「審問」似乎揭示了他們內心的複雜感受。

迴避孤獨的男人

麥克的經歷是個有意思的案例。他膽大心細，喜歡嘲笑我的奇怪分析理論，用簡單卻很難反駁的邏輯質疑我。

「我的下半身總是不安分，離不開女人，這樣有問題嗎？」他問。他會暗地裡偷笑，總說我太嚴肅，但我並未拿他的需求開玩笑，而是認真以對。

我：「你怎麼知道你需要女人？」

麥克（微笑）：「你這個問題是什麼意思？我就是知道啊。」

我：「那你知道，你想要女人的時候有什麼感覺嗎？」

麥克：「不知道，心理師。女人經過身邊時，我想的就只是跟她們搭訕，這令我興奮。」

我：「好吧，你感覺很興奮。我們來了解一下你說的『興奮』是什麼意思。我認為有活力是很棒的，這樣我們的感覺會更敏銳，會覺得自己精力充沛。然而，你也有挫敗感，所以你才會來找我。這是為什麼？」

麥克：「因為我已經四個月沒和女人親熱了。」

我：「你希望女人對你做什麼？」

麥克：「擁抱我，喜歡我，和我打情罵俏、聊天……」

我：「好的……這麼說，你很孤獨？」

麥克：「是的，是真的。我就是沒有真正承認過這一點。」

我：「**你很孤獨**——承認這一點，讓你有什麼感受？」

麥克：「悲傷。」

我：「有什麼好悲傷的？」

麥克：「這讓我感覺自己是個失敗者。」

我：「因為**你在迴避自己的感受**，所以你對女人的欲望聽起來像是一種衝動。我猜，你一定為自己的衝動和欲望找了很多不同的藉口。」

錯把欲望當成愛

麥克就像我的許多案主一樣，不知道自己想要的究竟是什麼。顯然他並未意識到自己是孤獨的，但是他的身體產生躁動，這是一種生理感受。

麥克與前來諮商的其他男性一樣，我得清楚地理解他們的欲望，也就是他們的感情渴望。

在進行心理諮商工作時，我經常見到這類型的人，他們都曾經感情受創，可能是因為與戀人分手，或是戀人移情別戀，也可能是因為失去了摯愛的人等。這些案主因而深感受傷，有時難過、悲傷，有時情緒濃重。但不久之後，他們對異性的渴望會變得很強烈，或者陷入愛中，無法自拔。

性諮商的必要性就在於：我知道這種欲望和愛不是真的，但他們不知道。

我們的腦中有許多控制和壓抑痛苦情緒的辦法，比如讓自己麻木、自我隔離、將感情投射至別的人和事物等。情欲的變化更有意思，人就像失去了正常的情緒感知，心裡生出的不是迷惘或害怕，而是像擁抱了全世界般的愉悅，但這並未平息感情和情緒，而是「改變」了它們。

我試圖讓案主們明白如何深入地了解自己「行為的動機」和「情緒、感情的變化」，雖然明知這很掃興。

麥克對女人既有渴望，也有焦慮，這是他的課題。但如果他繼續相信這份幻想，那他仍然找不到自己想要找的。

正如各位讀者所見，麥克不知道自己是孤獨的。我們也會在後面的內容讀到，這種**孤獨感還會被其他事物掩蓋**。

自問：「我真正想要的是什麼？」

麥克的案例證明原始渴望的重要性。原始的生理渴望常與其他欲望一起出現。為什麼感情會起變化？為什麼不去了解自己想要的究竟是什麼，並且為此努力？為什麼要建造複雜的感情迷宮？

讀完接下來的這段對話，你就會明白：要了解自己的欲望並為此努力，為什麼並不容易。

麥克：「我只想上床，對談感情沒興趣。為什麼和女人有關的事這麼複雜？為什麼女人總是想要談感情？為什麼總有感情摻雜在男女關係之中？女人就不能像男人一樣嗎？」

我：「你問過別人這些問題嗎？」

麥克：「沒有，我不想為這種事煩惱。找女人很難，接近她們也很難，要明白她們的暗示更難，我可不想自找麻煩。還是找小姐輕鬆。」

我：「嗯，你這種處理方式聽起來很不錯。」

麥克：「只是我很難找到我喜歡，而且能完全配合我做的女人。」

我：「你想要做什麼？」

麥克停頓了一會，看起來有些不自在。他轉開目光，不停地變換坐姿，然後說：「哈哈哈！你問得真直接。」

我：「除了上床，你也希望有親密的互動？」
麥克停頓了一下，說：「對，我想要擁抱、親吻之類的互動，就像普通女人會做的那樣，你知道的。」
我：「彷彿她也想要，而且也需要？」
很多男人都有這種想法，我聽過許多類似的言論。
麥克：「是的。」
我：「你需要觸碰，需要與人接觸，需要一份感情。」
麥克：「我很孤獨，但我並沒有試圖尋找愛情，心理師。」
我：「記得你告訴過我，有位朋友建議你『郵購新娘』，我覺得這個主意很適合你。」
麥克：「什麼？為什麼？」
我：「這個方法很實際，你不用找小姐，也不用刻意接近女人，你說過這對你來說很困難。」
麥克：「買一個女的？別人會怎麼看我？」
我：「我們可以換個角度來看，這只是你的選擇、一項權宜之計，但是能幫助你脫離困境。而且，她會聽你的話，當你有性需求時，不必費心去找別人，她會完全配合你。」
麥克：「她最好能完全配合我，這很棒，擁有一個完全屬於我的女人。嗯哼……不過，不對！這樣她就會一直在我身邊，如果我不想跟她約會怎麼辦？如果我們沒有共同話題怎麼辦？她甚至可能不會說英語。」

我：「不會說英語，對你也有好處。」

麥克：「心理師，你真討厭。我想找一個能讓我快樂的女人。我想擁有一段感情！你為什麼不說我需要學著控制對女人的恐懼？你的建議真瘋狂。我想離開了。」

我：「瘋狂？我是在用你的思考邏輯來想。你為什麼生氣？」

麥克：「你說我需要買女人，說我得不到自己的女人。」說著，他移開視線。

我：「不，我不是這個意思。這話是你自己說的。」

麥克停頓一下，然後微笑著問：「激將法？」

我：「沒錯。」

麥克：「你真討厭。」

我：「別這樣，你太可愛了。我知道你會如願的，你覺得呢？」

麥克的願望和幻想不僅顯示他對女性的焦慮，也表達了他想克服這種焦慮的渴望。他一直這樣幻想著，也明白這種想像站不住腳。他說他真正想要的是一段感情，但問題在於他不擅長與女人相處，並且害怕她們，因此他熱衷於花錢買性服務，這樣自尊就不會受到挑戰。他試圖證實這一點，聽起來很合理。

是的，男人可能想滿足性欲，但麥克找性服務顯然並不只是因為這一點。

我的許多案主**之所以不知道自己究竟想要什麼，是因為並未好好地認清自己真正渴望得到什麼。**他們常常渴望獲得某些東西、突然想體會某種感覺，幾乎不假思索就行動。

我的目標就是教他們**在欲望湧現時，先停下自己的行動，好好去想想這個問題：「我真正想要的是什麼？」**

「我討厭她，因為我愛她。」

「女人就是賤！」團體的新成員威爾說。他將這句話當成事實，而且深信不疑，對他而言，這就是真理。

我環顧四周，看看團體裡有沒有人想回應威爾，但沒有人開口，我猜其中多少有幾位是認同這句話的。老實說，他們的沉默也提醒我：**對於這種觀念，我們不能再視若無睹，有許多關係問**

題及性功能失調皆因它而起。

我希望這種沉默只是團體成員們偶爾才有的交流狀態。威爾的大男人主義傾向很嚴重，其他人都不敢像平常抬槓那樣質問他，最後還是我先開口。

「這是關於女性的一種非常片面的說法，威爾。我知道你很聰明，你也明白人都是複雜的，那你為什麼會這麼形容女人？」

「女人的力量強大，她們也很清楚這一點。」他說著，眼神空洞地盯著牆壁，像在發呆。

「她們很會擺布、控制和誘惑人。」

「那麼女人誘惑你時，你有什麼感覺？」

「有個女人先跟我說她生活中的一些悲傷經歷，像是需要我給她建議，但我以前就見過她這種伎倆，所以我並不買帳。」

「這是你對她的看法。她說話的時候，你有什麼感覺？」

「脆弱。**我不想在女人面前表現出脆弱。**」

安東尼開口問：「你在害怕什麼，兄弟？」

「害怕陷入愛裡。」威爾答道，這個答案似乎讓他感到驕傲。

害怕陷入愛的男人

與威爾單獨諮商時，我了解到，由於早年經歷的影響，現在的**他認為「愛」意味著卑微和排斥，所以他看不起女人，並試圖透過控制女人來壓抑這些情緒。**

同時，我自己的情緒也出現問題——與威爾的個別諮商令我厭煩。

以前在為其他案主諮商時，我也遇過類似狀況：打過招呼之後，我就會知道一個新的感情故事，會發現一個男人獨特的祕密、了解他感情關係中的矛盾，接著我便感到厭倦，失去興趣。與案主進行諮商時，我透過不斷地詢問、分析，一點點幫他們建立自尊和自信，但我覺得自己榨乾了他們所有的美好之處，只剩下他們的掙扎，這讓我感到非常惱火。

一天與威爾會談後，我回到家，打電話給我的母親。「心理治療真令人厭煩，」我說：「這些男人真的很煩人！坦白說，當個餐廳服務生更有意思，也許我該去找別的工作。」

「布蘭蒂！」母親大喊道，她努力想保持嚴母的口吻，但最終還是大笑出來。

應該提一下，我母親就像伊麗莎白．泰勒一樣美，有一頭光澤髮絲、大大的藍眼睛、白皮膚，總有無限的能量傳播愛。她是很有靈性的女人，想給所有人關愛，即使我做錯事，她也無條件地愛我。有一回，她住的地區出現一名歹徒，他一家一家地敲門，若有人開門，他就會闖進去。當歹徒到我母親家時，她不知道門外的人是壞蛋，邀請他進門，和善地對待他，最後歹徒居然哭著向她傾訴，忘了自己上門的目的。每每想到這件事，我就忍不住微笑。

所以聽我抱怨時，母親自然會為我的案主說話。

「你應該同理他們。」她說：「別沮喪，你應該做一盞照亮他們心靈的明燈。」

「是的，我知道我應該要帶有同理心，」我以一種彷彿被她說服的口吻回應，「不過我覺得有點不對勁，我真的得一直這樣同理他們嗎？」

這對我來說太過理想化了，一點也不正常。誰會一直對所有人保持同理的態度？我當然知道透過同理能取得最好的諮商成效，但事實上，我無法總是帶著這種心態。不過，我學會如何形式化地表現，知道什麼時候該說什麼話、該做什麼事。

但相信我，你是不是裝的，案主完全看得出來。就好比制式化的親密行為，兩個人會做所有適當的動作，然而對彼此一點感覺也沒有，一切行為都只是憑本能行事。

我認為這是人際交往中最基本的問題之一：若案主付了錢卻不和我說實話，那他們還能把實話告訴誰？如果他們無法與女人交往，那他們所謂的性愛又是什麼？

我很努力地想要同理威爾，但直到他在團體會談中表達了對女人的憤怒，我才真正地開始同理他。那時我才發現，長久以來，威爾並未與我建立起情誼。但是當他誠實地回答安東尼的問題時，我感受得到他話語中的痛苦，也能夠理解。

有自我，才有激情

有時與案主進行會談時，我覺得自己像是和一堆僵直的木頭或是機器人坐在一起，他們表情僵硬，如同標本。我崩潰又疲憊地離開治療所，實在不想再這麼拚命。

不過，現在我發現這些人是需要我的。我的職責就是幫他們擺脫那種木偶般的生活，**協助他們洞悉、感知並暢談自己的感受，關心他們，如此才能夠治療他們。**

當他們表達感受時，是冒著被我看透自己內心真實感覺的風險，我想在性愛方面，他們也是如此。

人必須有自我，才能有激情。若他們在生活中無法與任何人建立親密關係，我就會要求他們鞏固與我、和他們彼此的感情。先讓他們了解「自己」是很重要的，而我們之間除了心理師與案主的關係，還是一種很重要的「人際連結」——他們對我很重要，我對他們也很重要；他們生命中出現的其他人很重要，性愛也很重要。

接著我會教他們如何與他人保持連結。我不會因案主不懂而感到厭煩或洩氣，因為我明白自己的責任就是幫案主擺脫困境、認識真相。我知道，要做到這些，我應該重視他們的一切特質，即便令人憎惡的也應該重視。他們一定是有什麼理由才關閉心門、放棄自己，不理會我的意見。

我會竭盡所能地引導他們探索自己的身體和心靈，給予他們溫暖、關愛和同理，找尋他們身上的生命力——哪怕只有一點點——並且給予關懷。

你的感受是真實的

「這幾天我作了一個夢，夢到我在打我母親耳光，打了很多次。」安東尼突然說。哇！這聽起來真不像是安東尼的表現，大家都很震驚，我也不例外，但我震驚是另有原因。只有我知道那週單獨與安東尼會談時，他因故對我生氣了，我想起那時他失望地搖著頭，在會談室走來走去的樣子。

「那是什麼表情？」當時我問。

「什麼『什麼表情』？」

「我不知道，安東尼，現在這樣真奇怪。」

「你真讓我生氣！」

案主將怒火對準我的時機很關鍵，再沒有比「直接做出原始反應」更好的機會了，這是改變的重要時機——只要我不因此發火。我的確對他有點防衛心，這樣才能引出他的情緒，看看是否有機會改變他對女人的感覺。

「我是怎麼惹你生氣了？」

「你辜負了我的信任，我覺得再也沒有辦法對你敞開心扉。」

「我是怎麼辜負了你的信任？」我不明白他為什麼這麼說。

「在團體會談中，你說我性能力有問題，我不想讓他們知道這些，你侵犯了我的隱私。」

我真的不記得發生過這種事。一般情況下，除非案主自己說出口，否則我不會在團體中提及案主的情況。

安東尼確實有嚴重的性功能障礙，才二十五歲就得藉助藥物，才不會太快「結束」，這讓他引以為恥。除了性生活，他的飲食速度和開車速度也都很快，我歸結於他在成長過程中缺乏安全感，不確定能否獲得生存必需的事物，而學會瘋狂揮霍，總是擔心自己得到的不夠多。

「安東尼，我記得你幾週前有提到這一點。」我說：「還記得那天你在團體會談中說你是怎樣快速做所有事的嗎？」

安東尼回想著，但仍然態度堅決地說：「我覺得我不能繼續在你這裡諮商了。我要去找別的心理師，我無法再相信你。」

「你不相信的是安全感，安東尼。」我說：「你從來都沒有安全感，從小孤苦伶仃的你，不知道有安全感是什麼感覺。但在我這裡，你是安全的。」

「我現在沒有安全感。」

「你是安全的。**你坦露了你的感受，那是真實的。**透過前期的諮商，我懂你，知道你所有的感受——**這就是親密關係帶給人的感覺，可能會令人覺得不舒服。**」聽我這樣說，安東尼低下頭。「我明白你為什麼會覺得我冒犯了你，但仔細想想，不要逃避，安東尼，我希望你能承受。你是安全的。」

回溯「憤怒」的源頭

經過那次對話，安東尼再來參加團體會談時又有了新的困惑。這種憤怒究竟是從何而來？

「這實在讓人困擾。我很憤怒，恨不得要她的命，但感覺好糟。誰會揍自己的媽媽啊？」

「我能明白你的感受。」巴迪說：「我母親告訴過我，我小的時候也總是在生氣，但只對她生氣。我記得六、七歲的時候，我也打過我媽媽。」

「我現在甚至都不跟我媽說話。」奧斯卡說：「我跟她說哥哥不斷在性侵我，但她就是不相信。她把所有的感情都傾注在我哥身上，卻忽視我。她說我告狀只是為了吸引她的關注，這讓她很惱火。」

「我也一樣。」安德魯說：「唯一讓我火大的人就是我媽，我也知道她是我媽媽，但她總讓我惱怒，有時候我也不明白她為什麼會那樣。她的控制欲很強，態度專橫。」

「我明白，有時候我對我妻子也有這種感受。」奧斯卡說。

「不要感覺那麼糟，安東尼。」約翰說：「以前我也幻想過與母親抗爭的情景，現在我仍然會想像。」

「總是幻想這些，有什麼理由嗎？」我問約翰。

「她非常挑剔，總是拿我跟我的兄弟們比較，」約翰說：「我的成績不怎麼樣，但他們上的都是常春藤名校。在我媽身邊，我總是覺得自己不夠優秀，我認為身為母親，應該要讓孩子更有自信。」

這句話引起大家的共鳴，不再繼續互揭瘡疤。

我能夠感受他們激動的情緒，也想到母親的偉大之處。我們都希望獲得母親的關心，在一般的印象裡，母親應該是撫養我們長大的人，能夠給我們安慰、支持、愛與關心，並且保護我們。當母親沒有做到我們需要的那樣時，我們的怒火便如火山爆發。

「你們都知道，當你無法從愛的人那裡獲得所需時，你就會憤怒。」大家說完後，我也開口，「問題是，他們常常會讓我們失望。**沒有人能完全達到你的期望，或無條件地為你付出一切**。所以，你能怎麼辦？」

「不再跟她說話。」安德魯說。

「是的，我也會這樣做。」奧斯卡說。

「這怎麼能平息你的怒火呢？」巴迪問。

「你不懂，」奧斯卡反駁，「但這也不重要。人是不會改變的。」

「我媽就不同，」巴迪說：「我現在和她感情很好。我必須接受她這個人和她的限制。」

「說起來容易，做起來難。」奧斯卡說：「那你為什麼不這樣子對你太太呢？」

現在該我調停了。「好了，大家現在很惱火，所以不要相互攻擊了。我認為**如果我們能調整自己的期待，就不會感到失望了**。女人無法完全滿足你們的需求，而你們也無法完全滿足女人的需求，所以和她們永不往來是不合適的。你們也不能揍女人，或是欺騙她們。何不同理一下自己身邊的女人，站在她們的立場想想看？她們那麼努力，卻得不到你們的關注。」

「直接向妻子或母親說明自己的需要，這個辦法怎麼樣？」約翰問。

「這個主意很不錯。」我說。

「要是她們不按你說的做呢？」奧斯卡問。

「那就控制她們。」巴迪大笑著說：「把她們綁起來，逼她們就範。」

「去你的！這樣不也會傷害到我們自己嗎？」奧斯卡說。

大家聽了都大笑起來，沒有比這種打趣更能澆息怒火了。

「我討厭她，因為我愛她」的矛盾

當晚在做會談筆記時，我驚訝地發現參加團體治療的這群男性，童年時都對母親很不滿。不禁令我產生疑問：他們憤怒的本質究竟是什麼？

我想，男人不需要每天都回憶自己童年時期的惱怒情緒，真正令他們憤怒的是，他們每天都**感覺自己非常需要女人的愛，卻又不相信女人能夠給他們想要的**。我認為這種對女性不友善的態度，其實**反映了他們對「愛」的渴求**。我們身邊常有這樣的情況。

他們之所以憤怒，是因為想與女人建立真正的感情，正如一位男案主告訴我的：「我討厭她，因為我愛她。」

我覺得，男性「愛人」的能力與母親相關。若一個男人在兒時感到母親不關心自己、漠視自己，甚至對自己殘忍，那麼他對女人的看法就會是消極、扭曲而痛苦的。

參與團體治療的幾位案主，大部分都與自己的母親關係很不好，與女友或妻子的關係也很糟。我可不相信他們天生就想遠離女人。

當我身邊的男性以「賤人」、「婊子」或「瘋子」來形容一個女人時，我總想追根溯源，探究他們為什麼會說出這種話——有意思的是，我發現，那份敵意的背後是對於浪漫和愛的渴求。問題是遭所愛的女人拋棄時，他們會深感恥辱，然後假裝自己也很厭惡對方。

我還發現若女人開放一點，男人就會罵她們是「蕩婦」。男人不是很喜歡找隨便的女人嗎？

他們為什麼會對隨便的女人有這麼大的敵意呢？我想或許是因為男人只是希望得到女人的重視。但他們可能不明白這一點：**大部分的男人害怕自己不被重視，卻做不到坦然以對。**

本來想幫女人，卻來了渣男

在下回的團體會談之前，我先約了奧斯卡和他的妻子見面，請兩人一同參與諮商。奧斯卡想知道他們夫妻的問題有沒有可能解決。

諮商開始時，奧斯卡的妻子還能夠很平靜、清晰地表達感受，但突然間，她變得憤怒，朝他發火，抱怨他浪費了她的生命和青春，抱怨他是不合格的父親。我要求她只看著我，不要理會奧斯卡，這樣當她說話時，我就能安撫她。但她再次開始辱罵和責備奧斯卡，我不得不請她停下來，並且告訴她在諮商的過程中不得再出現這種情況。雖然我完全明白她的怒火是因為深受傷害，但我也為奧斯卡感到難過，我知道他已經悔悟了，也曉得他一直在努力改善。他能夠完全敞開心扉，坦露自己的軟弱之處，但這時，妻子卻狠狠地捅了他一刀。

那晚在和一個女性朋友談論這件事時，我問：「我怎麼會站在他這種渣男那邊呢？我入行是為了幫助女人啊。」她大笑著說：「你就是在幫助女人啊，只是你自己不知道而已。」

後來單獨見奧斯卡時，他感謝我維護他，說他很感動。他說，當初他遭受哥哥侵犯時，母親沒有給予他的，我給他了。他表達了對這段婚姻的懷疑，不確定自己能否平息妻子的憤怒。我告訴他，雖然她生氣了，但是沒有說要離婚，他誤解了她的想法。當奧斯卡接受諮商時，妻子是支持的，並且表示會等他——難道他沒想過這就是「愛」？

心理諮商是人生旅程的一部分

然而後來奧斯卡決定離婚，和謝麗在一起。他告訴我這個消息時，還特地提醒我別想讓他改變心意，我只是聳聳肩，但老實說很失望。

之前我們一直努力探索「愛」究竟是什麼，「痴迷」又是什麼，並嘗試區分兩者。但他還是認為他對謝麗並不是痴迷，他很確定謝麗是愛他的。

然而才兩天，謝麗有了新歡便離開他。奧斯卡成了單身漢，那也是我最後一次聽說他的消息，他打電話跟我說他要去西班牙，以後不會再來了。我們無法更進一步，這令我很沮喪。但**心理治療就是如此，不一定會有結果，而是人生旅程的一部分**。改變的過程是緩慢的，我也在學著保持耐心。

團體的成員還是每週都舉行會談，討論他們所做的努力，重複著沒有什麼改善的生活。

我看著他們陷入憂鬱、憤怒、悲傷和焦慮，也看著他們努力擺脫這些。我學會將心理治療視為一種藝術，就像雕刻般，我們小心地刻著一塊未成形的東西，直到一件精美的作品誕生，讓我們既驚訝又開心。

跨越與人親近的不安

我曾作過關於安東尼的夢。夢裡，我在海灘上發現一塊石頭，它因為海水的沖刷而光滑無比，我在石頭上寫了「你很安全」，然後要安東尼將石頭一直裝在口袋裡。

在諮商過程中，我把這個夢告訴安東尼，我們也討論過他要如何建立安全感。事實上，**只有學會容忍與他人親近時產生的不安感，他才能夠真正地維繫親密關係。**無論何時，只要他想離開我（就像他認為我背棄他時一樣），我就告訴他，他需要忍受這種不舒服的感覺，這有助於他的成長、成熟和改變。

我還跟安東尼說，他對女人的態度太過片面，女人本來就不像詩畫一樣美好。「她們對你的傷害都是你的想像。」我說：「你應該習慣她們原本的樣子。」

「那我如何才能做到像你說的那樣呢？」他問：「教教我，我該怎麼做？總是談論這些，我也厭倦了。」

「閉上眼，」我說：「我希望你想像自己是個孩子，回想自己孤獨、生氣的樣子，試試看你能不能真的感受到那時的憤怒。」他想像的時候，我略微停頓了一下，「你身上仍然有那個孩子的影子，安東尼。現在，我希望你**以成年的、睿智的口吻，跟他聊一聊。**」

「**在心裡不斷重複這些話：我在你身邊……我是你的安全港灣……我會好好照顧你……我一直在這裡……我愛你……你將擁有你需要的一切……你可以放慢腳步。**」

接著，我們沉默地坐著。安東尼雙眼緊閉，我真希望能抱抱他。該死的心理學規則和倫理標準，有時候真的很不人性化。

擁抱自己，接受自己

我向參加團體治療的成員們提了一個問題：「你們想從女人那裡獲得什麼？」我一直在訓練他們辨認自己的感情需求，這樣他們便知道如何以一種新的角度來回答我的問題。

「我想要她們取悅我，」約翰說：「我希望她們能讓我感覺良好。」

「我希望她們能讓我興奮、開心，因為我無法忍受無聊。」安德魯說。

「我希望女人能給我一切，」巴迪說：「我想要高高在上，想變得強勢、有力，想得到她們的感情。如果得不到，我會很難過，就會去找別的女人……」巴迪繼續說：「我感覺很空虛，我控制不了自己的感受。」

「除了從女人那裡獲得滿足，還有什麼辦法可以填補這種空虛？」我問。

「我不曉得。」威爾回答。

「也許我們可以讓自己的生活變得更有趣？」約翰問。

「我想，我們可以愛自己。」安東尼說：「精神面的充實很適合我，上帝讓我感受到愛。」

「是的，要感恩，要懂得欣賞自己。」約翰說。

「那麼，『給予別人愛』這個方法怎麼樣？」我問。

「就像我們一樣，我們給彼此支持，也從彼此身上獲得支持，就像這樣，」安東尼說：「放下批評與競爭，彼此相親相愛，接受彼此本來的樣子，惺惺相惜。」

我知道，安東尼在慢慢學著他最需要做的事：**擁抱自己，接受自己**。

為愛崩潰的女人

說到逐漸學到的教訓，我自己的經歷就是很好的例子。不久前，拉米到了紐約，我們一起出去吃晚飯，但很快便發現他故態復萌，居然又開始對著點餐的女服務生調情。

我真是受夠了！我和拉米分手，後來他去了摩洛哥。雖然提分手的是自己，但我真的很難接受這個事實。幾週過去了，我仍無心工作，回到家就躺在枕頭堆上，獨自悶悶不樂，有時一遍遍地彈奏悲傷的歌，並且大聲地唱出來。起初，我的室友們沒有抱怨，但有天下午在我重複唱了許多次，又準備重新開始的時候，她們衝進我房裡，手中握著梳子當麥克風，嘴巴一張一合做出唱歌的樣子，然後大笑著在地上翻滾，還假裝很悲傷。不得不說，她們的樣子很滑稽，但也只讓我微微笑了一下。當她們出門參加派對時，我沒有跟著去。

有一晚，室友多琳帶了新朋友回來，她們又要出門前，闖進我的房間，多琳開始向朋友展示我的衣服。我跳起來，頭髮亂糟糟的，大喊著：「出去！讓這傢伙滾出我的房間！」那個可憐的朋友害怕極了，跑出房間。多琳說：「布蘭蒂，別這樣。你應該去洗個澡、換套衣服，我們出門。」

我很快換上軍綠色背心和粉色的芭蕾短裙。

「你就穿這樣？」多琳問。

我點點頭。

「你確定？」她溫和地又問一次。

「是的。」我想盡量讓自己看起來狂野。

多琳的朋友想去蘇活區的俱樂部，但我堅持去西村的酒吧。那晚，我遇見身材高大、膚色黝黑的小帥哥哈立德，主動接近他。他二十五歲，來自埃及，一週前才乘船來美國，在哥哥的披薩店打工，不會說英語。我們很快便透過眼神和手勢開始交流。

我身邊那些喜歡拉米的朋友起初無法接受，記得多琳問：「再告訴我一次，他叫什麼名字？」

「哈立德。」

「什麼？」

「哈立德。」

「好吧，我還是叫他『披薩男』好了。」

我帶哈立德逛遍紐約，彼此熱情高漲，我興高采烈，臉上一直掛著笑容。我真的了解他嗎？我認為是的，我能夠「感覺到」我們用眼神和手勢真正地交流。

當然，這段關係沒有維持多久。幾個月之後，拉米回來了，我很開心能再見到他。

「我很愛我女友，但她太無趣了。」

剛開始會談時，凱西充滿懷疑。他打電話預約的時候，語氣謹慎地問：「性諮商究竟是什麼？需要和女人『那個』嗎？」

我還以為他在開玩笑，但他是認真地想確定這不是某種性服務，並且一直追問我的學歷，還要求查看我所有的學歷證明。

「我以為自己夠正派，原來我是個變態？」

凱西第一次來諮商時，我就發現他很不自在。他沒精打采地坐在沙發上，遲疑地告訴我為什麼他需要幫助。「比起和女友親熱，我更喜歡看A片解決。」他說：「我究竟是怎麼了？」他很不好意思地看著我，希望我能幫他解決這個問題。

就和初次與所有新個案會談時一樣，我問了一些問題來確定凱西的心理狀況，接著說明治療的目的。我能感覺到，他在根據我說話的語氣判斷我是不是優秀的傾聽者，好確定在我面前能否坦誠，是否安全。我想多了解他看A片時是什麼感覺，他卻一直跟我聊女朋友。

「我很愛我女友艾咪。」凱西說：「我來這裡絕對不是想抱怨感情生活有多糟。」凱西說艾咪來自上東區，是個有氣質的淑女。某年夏天他們去格林威治村玩，晚上大聲地聊天、大笑，也就是那時，他對艾咪怦然心動。「和她在一起，我什麼也不用擔心。」

說完了艾咪的事，他也承認，墜入愛河才幾個月，他一閒下來便獨自坐在電腦前，看那些對他毫無吸引力的性感女人的影片。可是艾咪和那些女人不同，凱西說，她就像個漂亮的瓷娃娃。

他說：「艾咪傳統又保守，太無趣了。」

所有的欲望表現，無論多扭曲，都有跡可循

我的第一反應就是，凱西看起來就是很尋常的美國男人，三十多歲，穿著藍色舊襯衫和灰長褲，真不敢相信他不喜歡保守的女人。諷刺的是，這樣我反而覺得更有意思，因為我很高興有機會聽聽每天早晨上班時，都會看到的那種「尋常男人」的有趣故事。

對於這種情況，凱西很煩心。我請他描述困擾，他說：「心愛的女人就在樓下的房間等我，但我在樓上看成人影片。」

「我以為自己夠正派，其實我是個變態。」

聽凱西談了更多經歷，讓我漸漸明白他自我批判的緣由。

他是常春藤名校畢業的高材生，母親是女權主義者。他以身為一個「開化」的男人自豪，因為他不像傳統男人那樣奉行男權主義，提倡社會平等，不喜歡物化女性，有種近乎完美的正義感。

所以，一旦性癖好與平日彬彬有禮的個人形象有衝突，他便不知所措。

凱西對自己的蔑視很明顯。我對他的批評，根本比不上負面自我評價帶給他的影響。更何況，我發現自己不想批評他。

事實上，案主講述經歷帶給我的恐懼感正在減弱。我已接受這樣的觀念：**所有的欲望表現，**

無論多扭曲，都有跡可循，也是可以被理解的，我們不能斷然視為病態。

「你就是在自責。」我說：「讓我們正面來看你現在的狀態吧。」

「正面？我不明白這有什麼正面的。」

「嗯，你似乎將自己的欲望分成了幾部分，你對艾咪有感情，但欲望受到壓抑。**或許你也渴望釋放自己，你在努力自救。**」

「那我為什麼要看那些奇怪的東西？難道是出於性欲本能？」

凱西的提問很不錯，但我也不清楚答案。男性普遍愛上成人網站，所以我們會誤認為他們是因為喜歡那些，以為他們想要的就是影片所演的。但我們必須謹慎地看待這種觀念，成人影片其實無法解釋那些男人不可救藥的真相。

我告訴凱西，那些缺乏感情的內容與現實中的性愛差異很大，網站經營者希望透過這些有「潛在情感衝突」的形象和畫面賺錢，成人影片的片商顯然讀過佛洛伊德寫的東西。

他怎能瞞著我有祕密?!

我有位女性朋友和年輕的住院醫師約會幾次後上床了。她告訴我，起初兩人親熱時很甜蜜，很有感覺，但他突然冒出一句：「你是個婊子！」

「聽到這句話，我太驚訝，當場愣住了。」她說。這句話冒出得那麼突然，與當時的情境非常不協調，也影響了她的感情。雖然後來對方一直打電話約她，但她再也沒有赴約。

我想知道男人對女人這樣說話的意義何在：這是一種展現親密的行為？或者只是一場遊戲？還是兩者兼有？我認為對於這一點的看法和觀念，拉米和我應該差別不大，但也懷疑當我不在他身邊時，他是否會沉迷於成人網站？畢竟我們是遠距離戀愛，相隔又那麼遠。

衝動之下，我打電話給他，問他：「拉米，我不在你身邊時，你會看A片嗎？」

「當然會。」他毫不猶豫地回答。

哦，不！頓時，我心中湧現很多不理性的念頭，比如：他背叛了我！他怎麼能擁有我不知道的祕密?!我怎麼沒有弄明白他心裡的所有想法？一時間，我心神大亂，但很快又恢復冷靜，和他聊幾句後就掛了電話。

後來我去他在佛羅里達的家過週末，突然偏執狂發作，我衝進他的房間，開始四處梭巡，最後在一個抽屜裡發現一堆不太「光彩」的影片。我怒火頓生，拿著那些影片質問他，把影片丟在他面前。他解釋說：「這些都是尤西夫給我的。」尤西夫是拉米的一個已婚朋友，我覺得尤西夫是個再庸俗不過的人，他也老是做讓我惱火的事。拉米說：「我發誓，我從沒看過這些影片。」

「但你也沒有把它們扔掉。」

拉米沒有回答，但立即丟掉了那些片子。

我可以分析出為什麼他一直保存著這些影片，但是為了保持內心平靜，我還是接受了他的這個行為。我告訴自己：他仍然需要我，我仍然是有價值的。

停止自我批判，開始探索問題

我曾見過一位二十四歲的男案主，他和凱西一樣，也愛看成人片，對女友失去興趣。他說他很愛女友，但是不想和她親熱，他覺得自己很「骯髒」，希望「變得更好」再去見她。這麼年輕的人能說出這番話，顯得非常成熟。

我問凱西，他是否對艾咪說過自己的這個嗜好。

「我知道她對那些不感興趣。」

「所以你說過？」

「她一定不會愛的。」

「那你沒說過。」

凱西想閃避這個問題。「我嘗試過，也提出過一些建議，想讓她在床上別那麼保守。」他說：「我真的很尊重她，也仰慕她，不想冒犯她。照著A片那套跟她親熱會不自在，我也不想讓她知道我看那些鬼東西。我就是太尊重她了。」

「當然不是要你照著片子的情節去做，重點不是影片內容，而是你們兩人之間似乎少了激情。**『不分享自己的私密面』是造成關係疏離的原因之一。**」

「你懂嗎？我愛艾咪，想要好好和她親熱，」他說：「但老實說有點無趣。」

「你覺得跟她親熱沒意思，希望我能幫你提起興致？我倒認為你是因為動力不夠。」

「我不想讓她不舒服。」

「讓她不舒服，為什麼不好？」

凱西的眼中透出質疑，似乎在問現在究竟在討論什麼。我和他之間的認知有了誤解。我只是想讓凱西明白，「他擔心艾咪的反應」才是問題的癥結之一。由於太擔心艾咪的看法，讓他自我壓抑，轉而迷上成人網站。

只有擺脫羞恥感，他才能將分裂的欲望拼湊在一起。我希望他停止自我批判，這樣我們才能真正開始探索他的問題，所以，我請他好好想一想他所說的「鬼東西」究竟是什麼意思。

「每個人都對伴侶有性幻想，而激發欲望的通常不是那種正規的幻想，」我說：「奇怪的、另類的、不同尋常的行為才會讓我們驚訝和困惑。但你最煩惱的好像是——希望你的欲念不代表真正的你。你擔心你是真的想要那些『鬼東西』。」

凱西若想更了解自己的欲望，必須接受人就是會對各種性愛畫面有感覺，因此他會起生理反應並不奇怪。

他沉迷成人片，但片子演什麼並非重點，重要的是「他」與影片的關連。成人片滿足了人們的各種心理：有的人以此取代真實的相處，緩解人們面對面接觸所產生的焦慮，感到安全，因為不會被拒絕；想要什麼女人，就有什麼女人，她們永遠會順服、聽話；沒有感情交流，沒有人會給任何評價，也不需要擔心自己表現得夠不夠好。最棒的一點是片中的女人永遠都熱情滿滿。

凱西以為問題是自己的沉迷造成，其實情況沒那麼單純。他必須知道自己是人，只要是人就一定有欲望，**唯有釐清「沉迷」背後的意義，他才不會一再地重複「壓抑—發洩」的行為。**我不想要他告訴艾咪什麼，只希望他明白，**「缺乏交流」才是問題的原因之一**，他仍然需要多加努力。我想透過他的教養和心理防線，讓他認識真實的自己。我想看看他是否有創造力，這需要有意識地進行探索，而不是僅靠觀察他的反應就能明白。

凱西很困惑。「我發誓，跟父母相處時，我沒有這種控制欲的問題，也從未有過無力感。和艾咪上床時，我也覺得很安心，但我就是喜歡看那些影片。」

接受真實的自己

老實說，男人喜歡看柔弱的女人這一點實在讓我受不了，尤其是我那些社會意識很強的男案主，例如凱西。或許我無須對他們深入分析，原因就是這麼簡單：強勢、有力讓人感覺很好，而成人網站能給男性一種自己是「主導者」的感受，他們樂於享受這種感覺。

「但這可能是以女人為代價。」我說。

「『以女人為代價』，哇，這樣說聽起來很自私。」凱西說：「男人控制女人後，地位會得到鞏固，確實如此。」

在我看來，這是一種讓「自我感覺良好」的簡單方法。我在某間男生宿舍看過一大堆黃色雜誌，後來我一直在思考那些男生是看雜誌的什麼內容、為什麼他們要一起看。我覺得這可能是男權主義的一種展現，自古以來，男人都是這樣的。若是如此，也許我可以試著改變一下他們的這種觀念，哪怕只有一個人被改變也好。凱西努力地接受自己，看起來似乎心態很開放，而我也很欣慰他終於願意探索自己。

我不確定他究竟會發現什麼，結果又會如何，也沒有為他制訂任何可行的計劃。我只是相信，他和艾咪的性生活一定有辦法契合，他可以將自己的性愛理念和對艾咪的愛融合起來。由於我只了解凱西的看法，所以無法為艾咪說什麼，但在艾咪面前，他顯然是羞怯的那一方。在感情上，凱西未建立足夠的安全感，好讓他在艾咪面前展現自我，成人網站能讓他分神，給他暫時的滿足。這些感受令他不解，他不知道自己究竟想要什麼。我希望終止這個惡性循環，讓他將愛變得「完整」。

要讓凱西接受真實的自己，我必須深思熟慮，小心翼翼。我的觀點是，**要了解男性的欲望本能，非常重要的一點，是理解其文化背景，因為文化背景在某方面反映了人所處的社會環境。**

下回當凱西來諮商時，我很快便發現了他的不同之處。在進入會談室前，他便開始傾訴，與以前那個克制而自責的他完全不同，就像某個開關被打開，他按下一個「不管了」的按鈕，決定放自己自由，脫下自我意識的硬皮，釋放出富野性和活力的靈魂。

「我明白了。」他歡快地說，語氣很肯定，眼睛炯炯有神，一副很有自信的樣子。「今天早上經過華盛頓廣場時，我看到一個女人，欣賞著她的一舉一動，衝動地轉身跟著她走了一段路，我從未這樣過。我想像著和一個真實的女人熱烈交往會是什麼感覺，但有種罪惡感。」

他的情緒這麼強烈讓我有些不安，我調整坐姿，控制住自己的情緒，斜靠在沙發上，扭了一下腰，卻發現他一直盯著我看，這才意識到我是不是無意間在向他展現自己。難道我本能地在回應他？

「什麼樣的罪惡感？」我提了這個問題，將兩人的注意力拉回來。

「我今天突然覺得，其實你是希望我找到內心柔軟的那一面，我才能和艾咪相處得更好。」

「不，我是希望你**找到真實的自己**。偶爾衝動並不是壞事，凱西，這代表你內心有熱情。」

「我覺得這就是我想要的。我就是這樣想的！」

「我們應該慶祝，這就是生命力。但接下來的問題是：你可以將這一面展現給艾咪嗎？」

「原本我沒辦法。但……我覺得自己現在準備好了。」

雖然最初凱西是受到艾咪的浪漫氣質吸引，但他已對此厭倦，卻受艾咪的柔情和保守牽絆，不敢打破這種局面。今日的他表現出正常的侵略性，而不是只存在於幻想中，他也願意接受並享受這一點。

親密關係的不同形式

之後，凱西隔了幾週沒來，後來再打電話來約諮商時，問我能否與他深愛的艾咪同來，我當然答應了，因為我對他們兩人很好奇。

一見到兩人，我便明白凱西為何對艾咪那麼痴情。艾咪是個很有魅力的女人，舉手投足優雅、從容如芭蕾舞者，雙肩驕傲地後挺，頭抬得很高，正好凸顯傲人的曲線。

艾咪身著時尚套裝，價格不菲，做工精緻。我這麼說並不是奉承，她的穿衣風格的確會受女性歡迎，頭髮經過精心打理，修剪得整整齊齊。她看起來一點也不性感。面對艾咪，就像欣賞一棟乾淨、整潔又很有格調的房子，但是坐在裡面的感覺並不舒服。

我帶著熱情的微笑迎接她，但她僅草率地跟我打個招呼，這讓我感覺有點失落，我已經準備好感受她的魅力了。兩人走進會談室後坐下，我根本感受不到他們之間的愛意。他倆各自坐在沙發的一頭，凱西一副垂頭喪氣的樣子，而艾咪感覺很緊張，兩人都默不作聲，這樣的狀態讓我無法想像凱西之前告訴過我的兩人的故事。他們避免與對方有眼神接觸，都只對著我說話。

會談一開始，艾咪就抱怨凱西有多麼「糟糕」，也不知道是在向我告狀，還是怪我沒有讓凱西好起來。她的語氣充滿批判的意味，讓人覺得很緊張。在她優雅的外表之下，藏著一顆焦慮不安的心。

「他變了。」艾咪帶著輕蔑的口吻說：「我可以理解他追求有激情的性，但老實說，這讓我感覺他只是想滿足自己的欲望。這是他來你這裡的理由嗎？都是你教他的嗎？」

我沒有回答，反而問：「對於這些，你有什麼感覺？」

她沒有理會我，自顧自地說：「而且他要我一起看A片。」難怪凱西顯得那麼沮喪。

「我感覺遭到背叛。」艾咪繼續說：「他是怎麼回事？和我好好在一起還不夠嗎？」這番話表面上是對我說，但其實是說給凱西聽的。聽到她的問題，凱西轉移了視線。

「聽起來，你感覺凱西不愛你了。」

「這與愛不愛無關，我覺得被他利用了。」

「他追求激情，有沒有可能是因為愛你？」

「什麼？這是他表達愛的方式？」她挖苦地問。

「除了他最近親熱時的表現，有其他例子可以證明他不愛你嗎？」

「沒有，這也是我困惑的地方。」

「你擔心什麼？」

「我擔心這表示他不再愛我、不再關心我了。我認為他只想利用我。」

「這樣說有點超過。」

艾咪瞪我一眼。

「他和你分享這些，會不會也是一種親密的表現？」

艾咪的憤怒讓凱西內疚，影響了他長久以來對真實自我的努力追求，所以他展現出一副落寞的神情。我真希望他能夠開口給些支持，但面對艾咪的怒火，他緘默不言。

「你們倆談過性生活的這些改變嗎？」我問。

「我們從不談這些。」艾咪回答。

「為什麼？」我繼續追問。

「如果我們相愛，自然會有激情的火花。」艾咪篤定地說。

我沒有馬上開口，任她表達自己要說的，最後我才對她說：「這個觀點很荒謬，艾咪。**即便兩個人深愛彼此，也不等於會一直對彼此有激情。**」他們都看著我，好像從沒聽說過這麼荒謬的觀點，根本不相信。「**如果你們缺乏溝通和交流，彼此就會產生很深的誤解。**凱西，不要擔心艾咪的想法，將你的新觀念告訴她，她並不知道這對你來說意味著什麼。艾咪，你要相信，這種改變並不表示他不愛你了，也不是背叛。」

艾咪慢慢地點頭表示同意，凱西卻只是繼續坐著。

看清對伴侶的期待，探索理想的親密關係

男人的生理需求可能引起女人的強烈反應，因為我們不清楚原因，因而對於「被利用」和

「被物化」很敏感。對艾咪這樣的女性來說，就像噩夢一樣令她心生恐懼，即便是我這種一直相信愛情、將浪漫和傾慕當作對自己的讚賞及肯定的人也是。親密行為是高度私密且「反物化」的，不完全與性欲有關。對女人來說，男人不是物件，而是我們愛的對象。

艾咪保守而單純，某些特殊的性愛表現方式令她無法接受，讓她覺得自己沒有被好好愛著。這不能怪她，因為的確有許多男性傷害女性，剝奪女人的權利，貶低女人。就歷史及文化來看，性行為常被當作對抗女性的一種策略，史料已多所詳述，在此我就不多說。

提到這點，我主要是想說有些男人讓女人深感害怕是有原因的。女人自由享受親密關係的權利已經被剝奪了。待在一個保守的區域內，人會覺得舒服、安全，然而這種方式缺乏生命力，也缺少活力和激情，**雙方始終覺得壓抑，而這會使人擔心自己沒有得到足夠的愛。**對艾咪和凱西來說，親密關係並不順利，因為這段關係沒有創新性，他們無法自由表達欲望。

當感情需求與生理需求同時出現時，難免會有一方的需要無法被滿足，而遭到拒絕的人便會非常難過，至於難過的程度則因人而異。

有位即將結婚的案主曾告訴我：「若我必須『為了一棵樹而放棄整座森林』，那麼我的性生活最好完美無缺。」

這簡直是把所有壓力都強加給女人！但說真的，男人總是在這兩個想法之間掙扎：到底是選擇自由地與許多女人交往，還是選擇從一而終的夫妻生活？但這不是一場誰勝誰負的爭鬥，更像一場永無休止的比賽，一種欲望剛剛領先了一點點，另一種欲望便緊隨其後。雖然愛與陪伴的欲望可能略勝一籌，但男人仍然覺得這是他們的權利，因為他們覺得自己才是做選擇的人，而在他們看來，這是一種寬宏大量的選擇，最好要選得對、選得值得。

男性的這種觀念是錯誤的。**當他們因恐懼而做出「單選或複選」的抉擇時，註定要失敗。**以情聖自居的這位案主與未婚妻很相愛，然而他心底的想法卻是：自己已經放棄了另一種選擇，所以未婚妻最好開放一點。但他註定會失望，因為他的這種期待是苛刻而不理性的。

親密關係不可能時時刻刻都幸福美滿。假如認為單身漢的生活多彩多姿，婚姻生活就是枯燥乏味，那麼婚後就會過著這樣的日子。將一切責任都推給伴侶的男人往往很難抗拒誘惑。認為和越多女人上過床就表示自己越強的男人，通常不甘於一夫一妻制，而且強烈擁護自己的「權利」，對自己的能力也有天大的誤解。有位案主說某天他想親熱，但老婆不要，他氣得對老婆說：「你知道外面有多少女人等著我嗎？」

答案是：沒有半個。

許多男人擔心一旦選擇婚姻，就失去搭訕其他女人的機會，因而迷失在可怕的婚姻災難裡，稱之為「末日婚姻」。他們將這種婚姻模式視為「末日」，在這樣的婚姻裡，沒有激情、沒有救贖，他們是被拋棄的一群人；與此同時，許多單身漢卻享受著優遊自在。這樣的擔憂別具深意，意味著男人喪失活力，失去了他們的「欲望人生」。

我認為本質上，這句話沒錯，而且確實是關乎生存的事，激情能體現人的活力和創造力。男人擔心陷入沒有激情的婚姻，並非因為生理欲望過剩，也不像我的某些同行認為的只是憂心死了「無後」。事實上，**婚姻中沒有激情，是精神與希望的真正消亡。**

我從許多男案主身上了解了上述內容。而有一點可能會讓艾咪很吃驚，因為我也很驚訝：**進行性諮商時，男人談的常是關於「愛」的種種。**

然而，這一點可能很難被男人自己察覺，因為他們對愛的認知通常與看起來相反的衝動有關，比如侵害和恐懼，這讓他們既困惑又驚恐，擔心自己失去權力和控制感。有的人想法會發生轉變：我討厭這種對讚賞的急切需要；我覺得我想依靠她，但我討厭這種感覺；我討厭她比我強勢；對她來說，我夠好嗎？……有的人則會產生受虐心理：我想要受她控制，聽命於她，這令我感到安心。

在我看來，反直覺的方法更有效。先別預設兩性完全不同，**若男人和女人了解自己內心對「另一半」有所期待，便能夠一起探索理想的親密關係。**

艾咪的擺盪

在艱難的雙人諮商之後，我認為艾咪很快會再度光臨，事實也驗證了我的猜測。她想要單獨見我。她對自己很失望，而且無法擺脫這種想法。「我曾以為我是個完美女友，」她說：「但現在我不這麼想了。」

「艾咪，你仍然排斥在凱西上的成人網站看到的東西。也許有一種方法能讓你不再覺得自己被貶低，進而盡情享受親密。」

「有可能嗎？我要怎麼做？」艾咪想知道她應該怎麼做。

「就是重新思考這件事。」我輕聲說：「但在此之前，請回答我：你相信凱西愛你嗎？」

「是的，我認為是的。我的意思是，若不是因為——」

我打斷她的話：「那麼，就是如此。」

「好的。」

「那麼首先，你不要再用他是否尊重你來確認他愛不愛你，因為你知道他是愛你的。」

「我想是的。」艾咪看起來仍然很困惑。

「我的意思是忘記男人想要什麼。你要知道，無論凱西想要什麼，他都不是在利用你。他愛你，並且非常尊重你。」

我們有能力壓抑自己，也有能力變強

艾咪再次表達想單獨來見我，在徵得凱西的同意後，我答應了。

幾週過去了，我越發了解艾咪。三十八歲的她在上東區租屋住了十五年。她在德州獲得商務學位，而後突然決定搬到曼哈頓，進入時裝業。父母並不贊同她的決定，但是對她來說，這顯然是一個轉折點，她為不同的產品做設計，事業小有所成。與我的第一印象不同，她很開朗，總是嘗試將服裝與各種前衛、新穎的配飾搭配在一起，每當她走進會談室，我都要花時間欣賞她帶來的視覺衝擊。我們會利用珍貴的諮商時間讚美彼此的穿著打扮，我很容易將她當成閨密，所以不得不時刻提醒自己，她是我的案主。

艾咪對心理學的悟性很高，看過許多相關書籍。凱西曾開玩笑說，雖然她可以提出許多明智的建議，卻從不按那些意見行事。

艾咪注重外在，但這樣做並非為了吸引男人。她不想因為「低俗」的親密關係而使自己變得平庸。艾咪確實有點性感，我的任務是教她突破對自己和凱西設置的「屏障」，做一個有激情的女人。我認為**既然我們有能力壓抑自己，那我們也有能力變得更強**。如果是觀念問題，意味著**我們可以做出選擇。我們可以學著對任何人和事表達自己的渴望。**

學著表達渴望

艾咪可能很難接受這一點，但我決定從最基本的行動開始：激發她的性能量。這種能力我們都有，它像一股席捲一切的大潮，有時我們需要放鬆才能感受到，並且通常需要用心去體會和感知，比如透過動人的音樂、柔軟的織物、閃爍的燭光與優美的詩歌。此外，還要學會運用技巧來調適生命力，放下自尊，盡情享受感官刺激，像美食家或藝術家那樣，培養從一切事物中都能發現美的能力。

從艾咪的角度來說，她需要從一切事物中發現性感的能力，比如摩洛哥沙丘起伏的線條、在法國餐廳與朋友聚會、太陽馬戲團的表演、泥濘的河岸、破舊的爵士酒吧、紐奧良的墓地……從中發現性感的元素。炎熱夏夜的墨西哥灣，海水溫度高達三十度。或者在紐約的俱樂部，一大群互不相識的拉丁舞者伴著音樂翩翩起舞，熱鬧非凡，你完全沉浸其中，直到音樂結束、舞者離場，你才頭暈目眩地離開，臉上帶著微笑，頭髮一團糟，這些也很性感。

在現實中，我們太過急功近利，很容易忽視自己的生理感受。我試圖告訴艾咪該如何**關注自己的生理感受：不是透過頭腦或任何抽象的方式，而是出於「本能」**。

我從辦公桌抽屜取出半片手工製作的黑巧克力，是肉桂加紅辣椒口味。「聽我說的做。」我說著，遞給艾咪一塊，讓她嘗試一下，「閉上眼睛，深呼吸，然後咬一口巧克力，不要咀嚼，就含在嘴裡，細細品嘗它的滋味。用舌頭把它抵在上顎，你能嘗到辣椒味嗎？然後吞下巧克力，仔細回味它的味道，留意肉桂的味道是怎麼出現的。聞一聞肉桂的香味，讓你身體的每一部分都充滿活力，仔細體會這種愉悅感。」

艾咪照我說的做了。

「現在認真聽我說：深吸一口氣，然後輕輕呼出，放鬆身心，感受這種感覺。再來一次……現在在心裡告訴自己：『我有權感受到愉悅，我有權感受到愉悅。』

「留意一下，看看你是否想到某些場景，讓自己沉浸在你體驗到愉悅感的場景中。」

艾咪加快了呼吸頻率。

「接著重複這句話：『我是性感的。』想像自己享有著激情，想像自己享有著愉悅感，關注那究竟是什麼感覺……好的，睜開眼睛。」

艾咪的眼中泛淚。

「感覺如何？」我問，臉上帶著鼓勵的微笑。

「我忘了自己曾多麼氣凱西。真不敢相信，其實我一直都在思考自己想要什麼。」她說。

「很好。我希望你感到自己是有能力的，而不是覺得有威脅感。」

為了減少艾咪對凱西享受愉悅的不滿，我想讓她建立自己的權利意識，第一步就是讓她擁有享受愉悅的權利。一旦她接受這份愉悅，那麼凱西的熱烈激情就不會再使她有威脅感。

親密關係的界限，敏感而脆弱

凱西仍然會單獨來諮商，雖然他明白自己渴望激情是自然的，但他還有任務待完成，就是將自己的欲望告訴艾咪，不再害怕被她拒絕。

我問凱西：為什麼艾咪的認可比他自己的需求更重要？**在感情中，我們並不總是需要獲得伴侶的允許和認可。有時候我們的意見雖然不一致，但仍然愛著彼此。**

親密關係的界限是敏感而脆弱的。聽伴侶說「真噁心」或「這樣真奇怪，真令人反胃」之類的話時，我們往往會特別敏感。但我們願意接受這樣的批評，因為我們知道若要誠實地對待伴侶，就必須把自己的想法和感受告訴對方。

諮商時，我不僅問案主「你想要什麼」，還會告訴他們，要表現出最真實的自己。我相信：**我們首先要尊重自己，即便遭到批評，我們也應該堅持做自己，否則就是自欺欺人。**謊言和偽裝總會被揭穿。

凱西和艾咪都走了極端：艾咪注重愛的表達方式，而凱西則流連於成人網站。表面看來，兩者完全不同，然而其中的共通處在於他們都受到社會約束。我一直試圖讓他們明白那些複雜的社會教條、個人信仰和情感意義，讓他們明白自己的真正需求。我需要與艾咪單獨會談，這樣她就不會對凱西的癖好有那麼大的反應，而凱西也不用呆坐著一聲不吭。我可以讓她關注自我和自己的內心，而不去想凱西有多討厭。我也要小心翼翼地進行調解，以便讓他們都得到成長，更加成熟。而我的最終目標是透過近一年的諮商，讓他們了解自己內心的感受和需求，學會與彼此好好相處。

有時意見不同，但我們仍相愛

「你和凱西的關係有改善了嗎？」再一次會面時，我問艾咪。

「有一些。跟凱西親熱時，我也會主動了，以前我從沒有這樣做過，一直都是等他主動。」

「那他對此有什麼反應？」

「他很喜歡我這樣。而且我發現過去這兩週，他對我更熱情了。」

凱西之前也跟我說過他對艾咪的改變有何反應，說這讓他更愛她了。「你做得真不錯，艾咪。你也為自己的進展開心吧。」我說。

「確實如此。」

第一次會談時，凱西極力讚賞艾咪。現在的艾咪越來越活在當下，她樂觀、積極，對生活很投入，我很喜歡她。

艾咪選擇更投注心力，讓自己的性幻想更豐富，獲得了更多活力和主控感。凱西的反應只是這份努力所帶來的正面效果之一。凱西覺得艾咪變得更熱情，他也更享受這份親密感。

雙方努力的另一個顯著效果是：凱西不再看那些成人片了。

「心理師，我對你動心了。」

我發現自己越發享受與男性進行心理諮商的過程，只不過與一些案主會談後，總讓我覺得自己很沒用。

總結案主在會談過程中說的話，最常見的是：「好的，我明白了，我的問題都解決了。」然而身體會出賣一個人，案主會做出與自己表態相反的神情和動作。

見他下巴緊繃、膝蓋顫抖、眉頭緊皺，我知道坐在對面沙發上的男人正感覺和經歷著什麼，他卻一直努力控制著，身體因某種出乎意料的刺激而做出反應。

有時他們雖然想跟我說自己多優秀，但是表情很苦惱，像在用力吹氣球，一旦捏住氣球的開口，空氣就會被鎖在裡面。這時候，我就得暫停諮商，要問問他們產生了什麼感受，更重要的是讓他們能把這種感受告訴我。

男人透過性愛，追尋男子氣概

會談的特性與男人對「男子氣概」的觀念相衝突，因此一旦衝突加劇，我就會先停下來，然後問一個重要的問題：**「做一個男人有什麼意義？」**

此時問這個問題可能不合適，因為我不是男人，無法給出答案。然而身為協助案主重新定義男子氣概的心理師，我將自己視作「男性學家」。我會觀察案主的言行，做相應的筆記，記錄不正常的行為，並將男人分類。

我問這些男人為什麼不表露感情，他們通常會這樣回答：「這種行為是脆弱的。」我想他們大概都想當超人吧。

但有個男人明顯例外，他是年輕的高階主管，面無表情地走進會談室，用著機器人般的腔調說：「我想學習感受情緒，你能教教我嗎？我希望你能讓我哭。」

大部分男人會捍衛自己堅毅的形象。前面故事中的大衛曾說：「你想對我做什麼？女人不喜歡好男人。」保羅也說：「我不想表現得太深情，男人不應該讓女人知道他有多愛她。」當我告訴他們應該表露感情時，有人覺得我瘋了，居然要求他們表現得沒有男子氣概。有個案主曾這樣對我吼道：「你是要我像女人一樣說話！」我回他：「表達感情有什麼不好？這很正常，是每個人都需要經歷的。這表示你的成長。」

我知道有些男性會忽略這種觀念，因為女性天生更重視「感受」，但他們心裡也清楚我說得沒錯。即便如此，我也明白男人參與的許多競爭，如體育比賽、商業競爭等，都不能分享感情。士兵不會說：「嘿，中士，你的話傷了我的感情。」但接受心理治療的人談到自己的個人感情時，完全可以**將厚厚的盔甲脫掉，坦露自己的情緒，不用那麼堅強**。

這種脆弱並不只適用於悲傷的情況。通常有不安全感、恐懼感或感受到愛的時候，也可以有這種脆弱。有些男性會抑制自己表達愛意，擔心這樣顯得很懦弱。

然而平常拒絕表露感情的人，會將這些未表達的感情和未滿足的需求，表現在生理反應上。

因此，這些男人是透過性愛「追尋」自己的男子氣概，而不是運用性愛「展現」男子氣概。

做一個男人有什麼意義？

說實話，**男性之所以害怕表達感情，一部分原因是害怕表現出感情的「後果」，擔心因此失去女人的尊重，更害怕會導致關係破裂。**這種可能性確實存在，尤其是涉及親密行為時。

我和一些朋友聊到我們喜歡的男性形象，大家給出的答案五花八門：警察、消防員、軍人，甚至道上兄弟，但沒有人喜歡太溫和的男人。有位長相甜美的閨密告訴我：「有時候我真希望自己能粗野一點、侵略性強一點。」壞男人、帶點邪氣或性感的男人才是她們的菜。

我認為女人很欣賞男子氣概，希望感受男人強健的身體和強大的心理素質。如果男人總想取悅女人，因為太在意自己親熱時的表現而變得焦慮，就會對女人很順從，還會問這樣的問題：「這樣行不行？」「你想要我怎麼做？」「我傷到你了嗎？」這些話聽起來熟悉吧？

這可不像是知道自己在做什麼的男性說出來的。男人這樣問，就是在女人不想要掌控權時，給予她掌控權。

由於缺乏自信，許多女性都想找有掌控力的男人，但最終找到的都是只知索求，不知回報，總是剝削、甚至傷害她們的男人，這當然不是女人想要的男子氣概。

有個認識的男人告訴我：「世上有兩類男人，一類像『神鬼戰士』，一類像園丁。你要不就是會遇到在床上很強悍、工作很能幹，但在日常生活中不常陪你的伴侶；要不就是遇上一個多愁善感的男人，他會替你梳頭，在你經期不適的時候，對你噓寒問暖，但在床上的表現不怎麼樣，會和你親熱，但並非很『man』的那種。」

我個人不想要這兩種類型的男人。神鬼戰士自然強壯有力，但破壞性也很強；園丁溫柔多情，卻虛弱無力，動作遲緩。若能將兩者的優點結合起來，便會得到一個剛中帶柔、柔中透剛的男人。

我知道一般而言（雖然這些屬性表現得並非如此涇渭分明），果決、負責任、知道自己要做什麼、有男子氣概、能夠自然表達自我的男性，的確更受女性歡迎。女人愛的是既富有熱情，也有細膩感情的男人。

因此，我提出「做一個男人有什麼意義」這個問題，是想讓案主盡情表達感情。雖然我很難開導其中的某些人，但最後他們還是真的開始展現自己了，只是還有點綁手綁腳。

再也沒有比看起來冷冷的人說他「覺得對自己更好」或「感覺有點悲傷」更令我開心了。我會跟他說：「這很棒，恭喜你。**你現在是一個真實的人了。你能夠感受、能夠去愛，沒必要過度擔心。**」

「格雷的五十道陰影」

馬克是一位令我難忘的案主。他從外地來到紐約，個性和善，我很快便喜歡上他，也許是因為他隨和的個性，或是他灑脫的微笑，又或者是因為他臉上的點點雀斑，所以雖然已三十多歲，看起來仍然像個孩子。

他單身，在廣告公司的創意部門工作。第一次來諮商時，只是跟我閒談，聊紐約的複雜多變、正在讀的小說等。我注意到他說的內容偏離了會談主題。

當我提到他來諮商的原因是「性功能障礙」時，他打斷我的話，突然說其實另有隱情。

「就是那個……那個，我是想要開始一段感情，但如果我告訴對方我真實的樣子，她們根本不會給我任何機會。」

我等待著他的下文，不想打斷。馬克似乎非常想對我坦白，但又非常擔心，有所顧慮。我難以想像他藏著什麼樣的祕密。

「沒關係，」我說：「這裡很安全，你可以放心說。」

馬克立刻就說了，「我是個性虐待狂，打女人令我興奮。」

我很難理解他說的。這個「彼得潘」一般的男人坐在我面前，不安地擺弄著背包，身穿彩色T恤和運動鞋，就像在說「我不是企業家，也不用坐辦公室，所以不必打扮得那麼成熟」。他看起來完全不是那種很強勢、喜歡S&M的人。

我意識到馬克想要支配認為地位比他低、沒有掌控欲，也沒有選擇權的女人，這個動機與前面幾章提到的那些男人不同。

「但是在其他女人面前，我會害羞，不敢和她們打交道。」他說著，露出羞怯的模樣。

「女人令我驚恐。」

這個矛盾的人令我著迷，他真是太值得好好研究——或許你隔壁的鄰居也是如此，或者那個很少與別人往來的同事、某次你約會的男人可能也是如此。

我知道和我相處也會令他不自在，他也很猶豫該不該把自己的事告訴我，所以我決定採取不批判的方式，直接切入。

「看著眼前的女人痛苦，有什麼好處？」

「能讓她順從我。」

「你對此有什麼感受？」

「我覺得很有自信、有掌控感，感到自己很強勢。」

這種反轉很有趣。我懷疑他是不是想將自己內心的恐懼感轉嫁給她們，認為只要控制了她們，他就能夠戰勝這種恐懼感。

「接著你們會發生關係？」

「很少。」馬克喃喃地說：「我知道這很奇怪，但我身體的反應就是無法持久。」

這一點雖然很有意思，但我還是決定先不深入探討。「好的，我們了解了一些你面對這些女人時的樣子，現在來看看這是不是與你的感情經歷——」

「在日常生活中，我自認是個敏感而浪漫的人，但女人讓我驚恐。」他說著，露出難堪的神情。

「怎麼說？」

「她們很難被取悅。我的前女友凱絲就很跋扈。我為她做了很多事，但她一點也不感激，我做得越多，她就越蠻橫。」

「你為她做過什麼事？」

聽到這個問題，他翻個白眼，好像在說「我什麼沒做過」。「舉個例子，她有隻吉娃娃魯迪，總是到處撒尿，凱絲幫牠包了最大片的衛生棉，綁上一條粉紅色繩子。有一次魯迪跑出門，凱絲叫我去追牠，我跑過了整條街。」

聽到這裡，我努力憋笑。

「看，很可笑吧。」馬克先發制人，以免被我取笑。「工作時，我也會做出這樣的行為。我的老闆是個精力旺盛的人，我每天的工時很長，她還常要我做額外的工作，但我從沒抱怨過。我就像《動物農莊》裡的馬，總是想討老闆歡心。」

微笑的背後，隱藏著怒火

我大致了解了馬克生活中的兩個面向，可能還有更多面向我不知道，但這些是怎麼混雜到一起的？

「你和凱絲的性生活如何？」我問：「她知不知道——」

馬克打斷我的話。「她絲毫不知道我有S&M傾向，我們大多照她想要的普通方式親熱。我不想讓她反感。」

這也是一種很常見的抑制感情的方式。我的案主們通常會對此心生憎恨，因為他們狹隘地認為，這就是女人認為好的或可接受的方式。

「你認為『普通方式』如何？」

「事實上，還不錯。」馬克很勉強地說：「但大多在實際要提槍上陣時，我就不行了。」

這才是他來諮商的理由，在我看來，這樣可不是「還不錯」。有了這個開端，我就可以去探究馬克有性功能障礙的原因了，但我還是想先探究一下他分裂的生活。

「所以你將自己內心大部分的想法都隱藏起來了？」

儘管有時馬克覺得很無力，但我總覺得還有什麼地方不對勁。

「如果凱絲願意配合你呢？」

「她對S&M反感，我不想惹她生氣。」

「凱絲生氣的時候，你感覺如何？」

「她會憤怒地罵我，然後不跟我說話。」他說著，想要終止這個話題，「所以我總是避免惹怒她。」我發現，馬克說這些話的時候咬緊了下唇。

「我感覺到你有些怨恨的情緒。」

「哦，沒有、沒有、沒有，一點也沒有。」

聽了他這番回應，我刻意反駁他：「哦，這麼說你喜歡自我犧牲？」

突然間，馬克沉默了。

「聽起來在你們的關係中，凱絲才是主導者。」我更尖銳地刺激他。

「我不是自私的人。」他為自己辯解，「我對自己的辛勤工作和慷慨待人感到驕傲，我總認為這些是非常重要的做事原則，我對人和對事都是公平、公正的……」

馬克繼續宣揚著服務他人的高尚理念，我覺得這讓他感覺自己比他人更優越。

雖然我不知道他在迴避什麼，不過，從他說的內容可以得知他在極力迴避某種情緒，也許他微笑的背後隱藏著怒火。我可以想像，他的外表雖然彬彬有禮，但內心可能恨不得與某人撕破臉。

「好好先生」的性功能障礙

分別後，我發現雖然自己也有情緒，但奇怪的是，我很享受為馬克做諮商和分析的過程。

馬克引起了我的興趣，他熱情、風趣，溫和又有禮，看起來是個典型的「好好先生」，諷刺的是，這可能是他的問題的一部分，也是性功能障礙的原因之一。占有一個女人意味著要侵犯她，馬克之所以有這種想法，也許是下意識地與「現實中」讓他陷入被動的侵犯行為抗爭。

關注馬克的被動局面讓我想起與一個朋友散步時，她告訴我的話。她剛開始跟新男友約會，一直都很開心，似乎生活將一直這麼美好。男友看起來是個完美伴侶：長相英俊，事業成功，機靈、有趣又彬彬有禮等等，但有個缺點，就是非常優柔寡斷。她說，就連確定約會的過程都很繁瑣。

「他會問我喜歡吃什麼、喜歡去什麼餐廳、我最喜歡城裡的哪個地方，然後他還會問我什麼時候最合適，儘管我已經跟他說一整晚我都有空陪他。他為什麼就不能說『我在這家餐廳訂了位，晚上八點去接你』？」她抱怨：「一切他說了算！」

拉米有時候也如此。「有一次，我和拉米找餐廳吃飯。」我告訴朋友，「他一直說『你決定就好』，我心想要是他再這樣講，我就大聲尖叫。於是我說：『拉米，告訴我你想怎樣。』他卻說：『我無所謂，你決定就好。』」

「那你怎麼辦？」朋友問。

「我做了剛剛想做的事，大叫道：『現在就做決定，不然我把你丟在大街上！』然後轉身準備離開。」

「那他呢？」

「他拉住我，帶我去附近一家墨西哥餐廳。雖然我不喜歡那裡的食物，可是很開心。」

某個週末，我要去看拉米，搭計程車去機場時，坐在後座的我跟司機搭話。

「嘿，先生，你結婚了嗎？」

「結了。」

「那在家裡，你和妻子誰主導？」

他大笑著說：「我妻子掌管一切，她是女領袖。」

「女領袖？這是什麼意思？」

「就是『拿著號角的女人』，我們這樣稱呼主宰男人的女人。」

「這是褒，還是貶？」

「哦，貶義，這個詞可不怎麼好。」

「很好！繼續說說，為什麼讓女人主導那麼糟糕呢？」我問。

「**誰都不能一直做掌控者**。有句話說，你叫一個人『主人』，他會賣了你。」他說。

對我來說，成為女領袖沒那麼糟糕，但我希望伴侶能做主導者。能量此消彼長，雙方都能夠控制自己的力量，這場戰役本身只是為了創造激情。

沉默背後的不安

在接下來的諮商中，馬克縮在沙發一角，將一個靠枕放在膝頭，不像以往那樣漫無目的地談天說地，而是很期待地看著我，什麼都不說。但我只是朝他微笑，不發一語。

我發現馬克的被動狀態激起我的掌控欲，我們的交流形成這樣的模式：他越是聽話，我就越主動。我能確定他和別人相處時也是如此。

我認為需要探討一下這一點，因此故意扮演「被動」的角色。我能感覺到他在沉默之下的不安，但我就是一直不說話，我們一下子看看別處，一下子將目光投至彼此身上。

「你知道你辦公桌右邊的牆上有個洞嗎？」他問。

「嗯。」我回應，但根本沒有移開視線去看那個洞。

「你今天話很少，心理師。」

「我在等你先開始呀。」我說。

「不是應該由你先開始嗎？畢竟這是你的工作。」

「你希望由我來決定我們的談話主題嗎？」

「我不就是因為我的問題才來找你嗎？」他說著，露出緊張的微笑。

「難道你是付錢請人教你怎麼做？」

「我不知道今天要說什麼。」

「好吧，我可以等。」說著，我一手搭在膝上，另一手隨意地擺弄著髮絲，但眼睛一直沒離開馬克。

「真不明白我是來這裡做什麼的。」馬克終於開口，生氣地拿起背包，一副要離開的樣子。

「看起來你在生我的氣。」我故意說出這句話。

「坐在這裡只是在對望，對我一點用也沒有。」他咆哮道。

「嗯，你為自己花了一大筆錢，」我說：「所以我認為要主動的應該是你。」

「我不知道該怎麼主動。」他說。

「我明白，」我對馬克說：「過去，你認識的女人總是告訴你該怎麼做，我想你並不喜歡那樣。」

「沒錯。」

「那現在為什麼要讓我告訴你該怎麼做呢？你發現了嗎？**你是因為我沒有給你指導而生氣。從某種程度而言，你想要別人做領導者。**但如果讓我先開始，我得先了解：你想從我這裡知道什麼？」

其實這次諮商讓我很不舒服，因為我討厭這種沉默和死寂，使我擔心起自己沒能力幫他解決問題，也覺得自己需要說點什麼或做點什麼。我當然不想讓案主生我的氣，但這種方式通常很管用。

我讓馬克思考我提出的問題，同時也懷疑他這種「想要別人提供指導並負責」的想法，或許與童年時期的某段經歷有關。我詢問他，而這像是給了他指引和方向。

永遠的「好孩子」

馬克說在他十二歲那年，父親心臟病發過世。他的母親悲傷過度而患了憂鬱症，不能出去工作，更別提照顧兩個孩子。

馬克是長子，他能感受到母親的悲傷，也不想惹她不開心。「我只希望她快樂。」他說。為此，馬克承擔起養家的責任，並且盡心地照顧弟弟，確保他不會讓母親心煩。若弟弟惹惱母親，馬克會懲罰他。「但我從不會發脾氣。」

「所以你扮演著『好孩子』的角色？」我謹慎地挑選用詞，提出這個問題。

「是的。」

「你叛逆過嗎？」

「沒有，我不能那麼做。我的責任就是讓母親開心，我不能不聽她的話，不能反對她。」

「如果你不聽話，會怎麼樣？」

「她會心碎、焦慮，那令我無法忍受，我會有罪惡感。所以我一直扮演好孩子的角色，試圖讓母親以此為傲。我弟弟就很叛逆，我很討厭他。」

「看起來和女人相處的時候，你也在扮演這樣一個好孩子的角色。」

「是的，跟前女友在一起時，我是如此；在工作中，我也是如此。」

「你為此付出了什麼代價？」

「你這話是什麼意思？」

「你扮演這個角色之後，變成了什麼樣子？你怎麼了？」

「我沒有為自己而活？」他說：「我……我讓女人控制了？」

馬克說得沒錯。「你不願意不聽話，不願意生氣，不願意亂來。」

承接母親的悲傷

棘手的是，傳統方式的性諮商解決不了馬克的問題，因為問題根源與性無關。馬克的童年遭遇使他的人格發生分裂。他過度地想要負責任，獨立的欲望卻潛伏在暗處，只能透過暴力性行為表現。

他以幻想填補了現實的缺失，卻也阻礙了他發現自己在感情關係中，真正想要的。

我的目標是協助馬克將自己的世界拼湊完整，所以不需要探究他的親密行為，而是要幫他處理對母親的憤怒，也許這樣才能讓他找到更能帶給自己力量的辦法。

如果一個女人和他沒什麼關係，馬克就願意要求她按照自己想要的做；然而和女友相處時，他總是想讓女友開心，罔顧自己的需求。**一旦喜歡上一個女人，他就會依照與母親的相處模式待她。**

我認為他這樣表達憤怒是不對的。

「所以你在親密關係中得不到想要的東西時，不會向伴侶要，而是責怪她、生她的氣。」

「絕大多數情況下，我甚至不知道自己在生氣，只是感到有些怒氣和沮喪。我從不讓女友知道我的情緒，直到我決定分手，就像對凱絲那樣。那是兩年前的事了，我現在仍然有罪惡感，那時她看起來很傷心，顯然仍愛著我。」馬克停頓了一下，然後問：「為什麼我會那麼做？」

「你需要空間，因為你無法做自己。你在壓抑怒火和其他自發的感情，這讓你很容易憤怒、沮喪。」

「也許這就是為什麼分手後，我感到如此輕鬆吧。我毫無心碎的感覺，卻從未擺脫罪惡感。」

「現在我知道你為什麼很難生氣了，**『罪惡感』是讓你無法生氣的原因。**你仍然在保護你心碎的母親。」

馬克突然想到什麼，跟我聊起他的一個故事。

「我母親總會坐在廚房的桌子旁，什麼也不說，就是盯著一堆錢。有次我弟騎自行車時摔了一跤，臉上劃了一道很深的傷口，她看到了，就開始哭，然後生氣地抓著我弟，眼神瘋狂。當時我很害怕，努力地安撫她，但我永遠忘不了那一幕。」

馬克認為自己有責任讓母親的情緒穩定下來，母親的哀怨對他來說是無法承受的負擔。

「有誰能做你的依靠嗎？」我問。

馬克聳聳肩，說：「我沒有依靠。我覺得只要自己做好了應該做的，她就會開心。我打掃家裡、照顧弟弟，她就不哭了，還會微笑，然後一切就沒事了，我也得到安寧。」

「你做的一切都是為了讓她開心。這是不是意味著：**你不太考慮自己的感受？**」

不再壓抑，學會在乎自己的感受

我確信在馬克的被動狀態背後隱藏的「怒火」，就是解決他問題的關鍵。談到這裡，我們的會談已經讓他打開心門，使思維模式發生改變，他也因此獲得力量。人們總認為「憤怒」是一種消極情緒，想要設法避開，但「憤怒」是我最喜歡的一種情緒——因為深入地挖掘這種情緒，將發現**憤怒是「每個人自我的重要展現形式」。憤怒的出現，意味著我們的權利和界限遭到侵犯，而這些權利和界限本來應該得到尊重。**

馬克的情緒受到壓抑，我必須讓他認識到他內心對母親的愛，以及他心中的自我意識。

我採用完形心理治療中的「空椅」技巧：請他想像母親也坐在這間會談室裡，我要馬克面對她，告訴她自己十幾歲時的內心真實感受。我在他身後，偶爾插嘴，給予他必要的回應。和平常一樣，我想增強馬克的情緒。「跟她說說你憤怒的原因。」我說。

馬克想了一會才開口，最初的幾句話並未達到預想的效果。

「加油，跟她說你需要什麼。」我催促道。

突然他說：「我希望你不要再哭了，要像一個母親那樣堅強。」說這句話的時候，他有點猶豫，也許是想控制自己即將爆發的情緒，但顯然已瀕臨失控。

「告訴她，你還需要什麼。」我輕聲說。

「我希望你關心我，但你沉浸在悲傷裡。為什麼你不能控制自己的感情呢？」他大聲喊道。

「你對她很憤怒。」我說。

「我覺得我就像『不存在』一樣。你忘記了我們，你的心不在我們身上。」馬克的臉漲得通紅，身體顫抖不已，朝著想像中的母親靠過去，「我必須承擔一切，必須像個父親一樣照顧家裡。」他握緊拳頭，「我被困住了，完全被困住了！」

雖然我喜歡憤怒這種情緒，但是在會談室，看著馬克毫無顧忌地發洩心中的怒火，我真的有點害怕；他越憤怒，我就越擔心他失控。

然而從另一方面講，他也需要發洩怒火，此時必須任他傾吐多年來的積怨。馬克需要一個夠堅強的女人來忍受他的情緒，而此時這個人是我。

馬克不停地喘著氣，悲憤地說：「爸爸死了……你也拋棄了我。」

悲傷終於湧上心頭，他雙手掩面，背對我哭著，雙肩不停地抖動。過了一會，我給他一個抱枕，要他用力抱緊，調整一下情緒。

看著別人悲傷、難過，自己也很容易動情。我不想和馬克一起哭，又無法超然地面對這種情境，我只是沉默著。

馬克發洩了自己的憤怒和悲傷，接下來的問題就是「**如何處理**」：是克服心裡的罪惡感，控制悲傷和憤怒？還是再次關閉心門、恢復舊有模式？他能學會在乎自己的感受嗎？他能抓住機會，不再像以前那樣壓抑自己嗎？

失去夢想，比失去愛情更沮喪

那天下午我還約見了一位案主，之後去公園散步。我決定結束和拉米的關係——這次我是真的想分手了，最後一次。我做好了心理準備，並進行周密的計劃和準備工作。

幾個月前，我們又鬧僵了，後來拉米沒先跟我說，某晚飛來紐約。他約我在一家西班牙餐廳見面，一副「我就在附近喝酒」的隨興態度問我要不要約會。我的心怦怦跳，既有點興奮，又有些焦慮，因為我很清楚雖然他的語氣平和，但他是真的想見我，這表示他不想放棄我。即使如此，我還是決定不再繼續，只想和他聊聊天，一起吃頓飯、喝杯酒，僅此而已。然而不過喝了半瓶酒，回憶了一下我倆的過往，我們就又在一起了。

他握住我的手，說：「親愛的，你不需要工作，什麼都不用擔心。你學生時代欠的債，我會替你還，你的一切都由我負責。我們可以隨心所欲地出去旅行。你可以寫作，可以做任何讓你開心的事。」

多甜啊！我覺得很幸福，我們兩手交握。我從沒想過可以不用工作，可以這麼快還清債務。我來自一個普通家庭，知道努力拚搏才有出路。事實上，以前我從沒想到會過著像拉米那樣的生活，然而，他的承諾讓我開始渴望這種被年長、英俊又親切的男人照顧、疼惜的生活。和拉米在一起，我便能享受這種毫無負擔的美好生活。

「我希望你學習我的母語，萬一我們還想待在我過去的圈子呢？」他說。

我的腦海湧現各種各樣的念頭，但一心只想過著夢想中的自由生活。我想像著充滿新鮮感的日子，想像我去所有想去的地方。我想要探索整個中東地區，比如黎巴嫩和約旦。是的，我會成為旅行作家，隨時展開創意之旅。誰不想把握這種機會？我想去巴西、坦尚尼亞和希臘。我還非常想去墨西哥中部一個叫「瓜納華托」的小城，那裡從前是白銀交易基地，以美景和浪漫聞名。

我想過著有異國情調的日子，所以也許我可以與拉米繼續走下去。

「我們可以定居在佛羅里達。」拉米說。

我感覺腹部扭絞和抽搐——又來了，這種話讓我覺得壓力好大。拉米也注意到我的表情。

「拉米，」我說：「你明知我不想住在佛羅里達！」

拉米大笑，開玩笑說：「別緊張，你別回家就好啦。」

要我離開紐約？絕不！比起對拉米的愛，我可能更愛紐約，我不想住在佛羅里達，也不想離開朋友、放棄工作。我很開心、很滿足。

我知道如果答應拉米，就會失去現有的一切。要是答應他，那我究竟是獲得更多，還是失去更多呢？

我坐在公園裡，想著前晚與他吃晚餐時的情景。

拉米坐在桌前，沉默地注視著我身後的某處。我和他聊旅行、說時事、談我的工作和他的生活，但他沒表現出感興趣的樣子，我就像在對著植物說話。我想，自己是不是讓他厭煩了？他是不是知道了我要說的一切，所以一點也不配合我？

跟他在一起，我覺得就像穿著一條很喜歡的舊裙子，除了品質還不錯、很合身，但一點也沒有美感。

這些戲碼消耗著我們的感情，我最大的恐懼成真了：我們之間的熱情漸漸消退。

拉米看起來很緊張，心事重重，因為他近來的經濟狀況堪憂，在生意上損失了許多錢。如果他直接告訴我這些，情況可能會好些，但這並非他的風格。拉米**將自己封閉起來，縮進自己內**

心，獨自嚥下所有問題，就像許多男人，不希望被伴侶看到自己受困的樣子。

在我面前，他的眼神飄忽不定，我覺得自己像個隱形人，絲毫引不起他的注意。以往每一次鬧僵，最後我們都能回到彼此身邊，主要是因為我們對未來有同樣的期待。每回和好後，我們又會沉浸在對未來的美好想像裡，但相處了幾個月又再次清醒，一邊吃著義大利麵，一邊各自想著心事。

我知道我應該放棄拉米。那晚獨自待在公寓裡，我發現，失去夢想比失去男人更令我氣餒。

我只需要思考一下：**我能不能靠自己過理想的生活？**

「心理師，我對你動心了。」

這天，馬克苦著臉走進會談室，和平常愉快的態度截然不同。我問他上次發洩的感覺如何，他說：「真的很不容易，但是能說出內心的真實感受實在是太棒了。我現在工作時也能積極發言了，真是讓人感到輕鬆、自在。」

「進步真大！」我為他感到驕傲。過去幾個月來，馬克已經逐漸能在生活各方面堅持自己的意見、主張權利了，我想給他支持，對他說：「現在我和你互動更輕鬆、更親近了。這也有助於你處理其他的人際關係。」

「嗯，提到這個，我有件事想告訴你……」他說著，突然雀躍起來，「我對你動心了。」

「是嗎？」我臉紅了，好不容易才擠出這句話。

我有點愣住，但是並不意外，因為原本就心裡有數。老實說，我對馬克也有點動心。進行諮商好幾個月了，我期待著每次的會談，有一次見他快到了，還先查看自己是否需要補妝。我心想：是我造成的嗎？老天，希望不是我給了他什麼鼓勵。難道我無意間撩撥他？我快速回想著自己是否這麼做過。

接著，我決定把思考焦點從自己身上移開，繼續關注他的事情。

「詳細地跟我說說你的感覺。」

「我覺得你很懂我。」

我感到飄飄然。「聽起來，這對你而言是一種新鮮的體驗。有人想要了解你，你有什麼感覺？」我問。

「我覺得從沒有人這樣關心過我、在乎過我。跟其他女人在一起時，我從來都沒有這種感受，和我母親相處時也沒有。」

在馬克看來，我是個堅強的女人，可以冷靜地平息他的怒火。這是他母親沒有做到的，因為她一直沉浸在悲傷的情緒裡。

我想起一位老師說過的話：「**要讓案主感受到你內心的力量，你的力量本身就是對他們的介入，他們會本能地對它做出回應，這讓他們覺得有安全感。**」我為馬克創造了一個這樣的空間，在這裡，他不必承擔什麼責任，他是一個自由的人。

「是的，我們這樣的關係很重要。」我說：「有人能夠真的理解你，這點讓你開心。而我無條件地接受了你，這正是你一直渴望和追尋的。」

我希望馬克能夠明白，這種「動心」表示我們之間建立了理想的助人關係，因為我真正了解，並接受了他內心的自我。

了解案主的渴望是我的工作，因此工作中的這種動情並非因為我的某種特質。馬克並不知道我在平常生活中是什麼樣子的，也不清楚我的感情經歷。

「我覺得告訴你這些很傻。」他一邊說，一邊移開視線。我不喜歡看到他尷尬的樣子。

「**坦誠是需要勇氣的，**」我說：「我因此而尊重你。」

「真希望和其他女人親熱時，我也能這樣。」馬克繼續說：「上個週末，我和同事們一起出去玩，我一直在跟一個女人聊天，是我先去搭訕她的，對我來說，這是一種全新的體驗。她真的很聰明，也很有趣，我們整晚都在聊天，然後一起離開酒吧去她家。我們在她家門口親吻，接著她邀我進屋，但我拒絕了，我擔心自己那裡不行。」

瞬間有種嫉妒閃現腦海，但接著我又鬆口氣，因為他聊起了別的女人。他需要透過社交連結認識異性，我必須保有心理師的本心，不被自己的第一反應控制。

「重要的是，你現在可以主動與別人交流了。只是面對進一步的發展，你又開始焦慮了，現在我們就來處理這個問題。」

「我很喜歡她主動，我立刻喜歡上她這一點。」

「為什麼？」

「讓我覺得輕鬆，毫無壓力。」

我告訴馬克，他需要面對這種壓力，而不是避開它。

「好吧。但這時候，我突然開始對你有了幻想。」馬克突然說。

哦，不，怎麼又回到我身上？

無論如何，此刻我都需要聽聽他在想什麼，然後以心理師的角度分析他的想法。

「好吧，跟我說說你的幻想。」

「我不知道……」

「你明明想讓我知道什麼。」我說著，有點洩氣，也有點緊張。他會說什麼呢？「不需要講得多麼詳細，只要跟我說你在想什麼。」

「溫柔的愛撫，還有熱吻。想像在我家，你在我的床上，我們倆緊緊交纏。」

「你有什麼感覺？」

「自己對你的主動，讓我興奮了。」

「我希望你想一下，這種念頭代表你生活中的哪種需要。」

「我有能力同時感受身心的感覺？」

讓我高興的是，馬克終於有了飛躍的進展。這是真的進步，愛已出現在馬克的幻想世界裡，他在日常生活中也更加堅定和有自信。有了自信，他也就不那麼憤怒了。

會談室的氛圍一下子輕鬆許多。馬克的微笑背後再也沒有怒火，他變得更開心了。

離開時，馬克的步伐比以往慢了許多，還在我面前停了一會，好像在沉思什麼。對此，我只是微笑一下，什麼也沒說。

他若有所思地瞥我一眼便離開了，獨留我在會談室，內心像一團亂麻。

在愛裡，找到自己

回顧會談的過程，我發現我只是見證了助人關係中，那種很常見的「依賴感」。

我明白，馬克個性的改變已經表現在他和我的關係中，他從一個消極而有攻擊性的人，變得堅定、自信又有勇氣。

他不是神鬼戰士，也不是園丁，而是成為一個全面性的男人。

馬克冒著風險與我分享他的感受，我也受他的勇敢所鼓舞。**一段關係的存在與維繫，是需要當事人具備「勇氣」的。**馬克展現了我沒有的一種意志：我想和拉米分手，卻沒有直接面對我們的問題。

我離不開我的案主們，想要和他們在一起，無條件地接受他們，這個過程也帶給我新的力量與男性相處。

在此，我不只想告訴各位讀者要給予伴侶支持、互相依靠，也想建議大家勇敢地冷靜行事，不要過於自大、自我感覺良好，貪戀安全感。想要有一段感情是人之常情，因為我們可以享受對方的陪伴和被愛。然而，**「給予愛」意味著有風險，並且要接受不確定性。**

維繫親密關係需要勇氣。馬克或許也知道會遭到我拒絕，但還是讓我知道他的想法，真希望我能表揚他這樣的行為。

許多案主無法接受自己真正的改變，很難表達自己的欲望。為什麼呢？因為表達會引起對方的懷疑，也因為我們害怕被拒絕，害怕出現自己不能接受的結果。這也是性諮商通常會變成「培養自信的過程」的原因，因為**掌握親密關係需要自信**。

馬克向我展露對我的感情，這表示他跨出了「接受自我」的第一步，而這一點將幫助他開展一段戀情。

我認為從一定程度而言，男子氣概就是希望在任何感情關係中都能獲得成功。了解男性希望在感情關係中成為什麼樣的人，我也就明白女性**在尋找伴侶時，應該問自己的幾個重要問題：**

1 他是如何面對感情和情緒的？

2 他能夠處理好憤怒和悲傷的情緒嗎？

3 他是會發脾氣，還是將這些情緒掩藏起來？

4 他是會主動處理，還是會嚥下這些情緒？

5他如何因應生活中無處不在的壓力？
6他能夠接受愛和給予愛嗎？
7你們能夠相互扶持嗎？
8你們能成為彼此的避風港嗎？
9即使你讓他感到挫敗、你們的生活過得並不如意，他也能保持對你的愛嗎？
10他能否不沉迷於愛裡無法自拔，而是「在愛裡找到自己」？

「我能夠愛嗎？」

我曾跟一位朋友說我之所以開心理治療所，其實是想幫助女性，但現在接的主要是男案主，所以一度認為自己失去初心。她說：「你就是在幫助女人啊，只是你自己不知道而已。」仔細回想自己幫助男人處理兩性關係的過程，我總會遇到喜歡以「神鬼戰士」風格來理解男子氣概的案主，即便是看起來很溫柔的男人也不例外。

這種風格被我視為個人成長的真正阻礙，我決定扮演教導者的角色，教他們重新定義「男子氣概」。我想讓他們明白，哪裡才是他們內心的柔軟處，哪裡才是他們內心的強硬處，幫助他們重新定義「男人」一詞。

同時我也在思考：**什麼樣的男人才是我的理想伴侶呢？**

1面對愛情的不確定性，他能夠保持堅定。

2面對女人的吵鬧和威脅，他能夠沉著、冷靜。

3他能以合理的方式控制自己的權力欲望，用自己的力量創造並維繫感情關係。

4他不因索求（尤其是向女人索求），而是因給予和分享變得強大，透過幫助身邊的人獲得力量。

5他能努力發掘他人的長處，特別是伴侶的長處。

6他非常尊重自己和所愛的人，不將別人的成功視為威脅，因為他明白自己的價值所在，不需要透過揭他人之短來壯大自己。

幫助那些男人將理想付諸實踐並不容易。當我因他們而惱火時，我會打電話給母親，說我想放棄。「我為什麼要幫助這個男人？」火大時，我會這樣問，而母親會要我忍耐和等待。

我的問題就是無法忍耐和等待。我一直在努力嘗試去愛，但一點也不容易。愛與浪漫不一樣，不只是一種溫暖的感覺，愛是有韌性的，是不屈不撓的。我也知道男人是討厭、不完美的，他們不會成為女人希望的樣子。倘若他們真的成了女人希望的樣子，那麼可能又會被女人嫌棄。

事實上，**沒有男人能做我們的拯救者、我們的依靠。**無論什麼樣的男性，他也只是個尋常男人而已。

關於親密關係，我們每個人都有自己承受的極限。拉米和我就是如此：我靠近他，他便後退；我一後退，他就跟上來。沒有人想做追求者，我們都想做被追求的人。拉米會對我敞開心扉，然後我們可能會起衝突；我感到脆弱時，也會和他起衝突。

之所以有這些行為，都是因為我們心裡有「不安全感」，並非因為激情。沒有人天生是勇敢、冷靜的。

我把和拉米的故事寫入日記，大部分內容是讓我感到困惑的問題，以及我對感情關係透明度的探索。這些內容的主題是：「他是真的愛我嗎？」

但其實**真正的問題是：「我能夠愛嗎？」**

大衛就這麼問過我。

耐心、勇氣、容忍，這些都是愛一個人需要具備的品質。我先向案主們提出這個問題，再幫他們尋找答案，因而自己也逐漸學會了愛的真正技巧，這些技巧常常被我們忽略。

只想好好愛一次

馬克說他最近多半與一般的女性朋友相處，很少去想S&M的事。其實這並非我的治療目標，因為除非影響到生活，否則性諮商並非要改變一個人性生活的習慣。

不過，治療確實提升了馬克在其他方面的自信，他的需求顯然也得到平衡。他越是覺得自己強大、有力，就越不會想從事S&M活動（雖然他承認這還是會使他興奮）。如今他只想找個人好好愛一次。

接下來的幾回諮商，效果都不盡理想，我們聊的話題直白而膚淺，沒有什麼感情深度，彼此也都未提起之前發生的事。

原本我可以請他直接說說那次的僵局，我懂得遇到矛盾時，應該怎麼處理，但我沒有這樣做。我想避開這個話題，因為心裡明白一旦提起，將會是我最後一次見到他。

最後是馬克打破沉默，先開了口。

「我真的對你有感覺。」他很有自信地說：「我不是想把自己的幻想強加於你，相信我。我希望你回答我一個問題，不要對我進行心理介入，不要像心理師一樣評判我的行為，就照你的真實想法回答我。」

「什麼問題？」

「你是否也對我有感覺？」

面對這個問題，我想說不，想要撒謊，但又不想騙他。「真誠」是我所提倡的。事實上，我的確對他有感覺，我不想讓他質疑自己的直覺。

「有。但是……」我結結巴巴地說：「這種感情是片面的，馬克。你覺得你了解我嗎？我認為我們不可能。」

「這些都是廢話。我了解你，布蘭蒂。我不知道你住在哪裡、你來自哪裡，你從沒有跟我說過你的故事，但我能讀懂你的眼神、你的微笑，我了解你的熱情和才華，我很清楚。我認識你一年了，你心裡想什麼，我都知道。」

我完全放下了戒備，他說得沒錯，我也有感覺。

什麼感覺呢？我不確定。也許我該高興，或許他了解我內心想要被關注的渴望。

我的案主們幾乎沒人想了解我，他們問我問題，只是想確定我夠不夠專業、能不能幫助他們，對我的了解和認識僅限諮商時的對話。我感覺自己——心理師外殼下的「真實自我」變成了隱形人。

我鼓勵案主做自己，卻忙著埋葬自我，總是在隱藏自己的真實感受和想法。我必須嚴肅、認真地對待他們，以便為他們創造安全的環境，讓他們釋放眼淚、恐懼與絕望，但這使我感到無聊和厭倦。我必須關注他們的肢體動作和表情的細微變化，洞察他們的措詞、語氣的細微轉變，追溯他們內心的感受和想法，將他們自己未曾關注的那一面揭露給他們看。

我也想走在陽光下，與案主分享自己的故事，向他們展現我的多面性。有時我也會跟他們說說早上搭地鐵上班的經歷，或是前一晚看的電影、讀的書。但是當我真的這麼做，他們都只是敷衍地應付我幾句，這種時候，心理師不能讓案主花時間聽自己的故事。

心理師與案主的關係，主要是一種依存關係，有時我覺得自己被利用了，因而對他們充滿憤恨。

馬克想了解我，戳破了我的專業偽裝，他的關注為我注入了新的熱情，我像乾渴的植物需要水般需要他，感覺到活力重生。過去我從沒有這種感受。我想向他敞開心扉，但又有罪惡感。

馬克的情況，與其他個案（比如大衛）向我或其他女人調情不一樣——對於這類案主，我的治療策略是「一報還一報」，他們怎麼對女人，我就怎麼對他們。但馬克毫無經驗，他甘冒風險，一片真心地向我告白，我得極小心地回應，以免傷到他的感情。

「是的，馬克。」最後我說：「我確實也對你有好感，但以我的立場並不恰當。」

「真可笑，」馬克說：「人們在任何地方都會相遇，而我們恰巧是在會談室相遇的。你的意思是如果我和你是在別的地方認識，情況會不一樣嗎？」
「有時候，我們會對自己不能擁有的人產生感情。」
「我查過心理師的相關規定，」馬克繼續說：「兩年後，我們就可以在一起了。」
「馬克，我不會考慮和你在一起的。治療你對我而言很重要，你是知道的。我的職責是讓你成長，但這個職責不會長久。」
這是我最後一次接受馬克的諮商。我們都認為繼續會談也不會再有什麼收穫。我提出要為他介紹新的心理師，也確實介紹給他一位男心理師。我知道這麼做合乎諮商倫理，只是從未想過自己會面臨這樣的處境。

愛一個人原本的樣子

事實上，馬克在我這裡進行的諮商是成功的。他能夠坦承自己的感受，這一點令人欽佩。他是勇敢的，面對我的拒絕時是堅定的，這種表現真的很吸引人。
馬克的眼神透著堅毅，我看到的他和以前不一樣了。現在的他看起來很堅強，我讓他變成了我崇拜的男人——我真正喜歡的那種男人。

我仔細思考著自己與馬克的關係。經過最初的難以溝通，我們後來的交流都是輕鬆、自在的，讓我感覺就像和另一個自己相處，靈魂相契。在他面前，我更加釋然、更加放鬆。雖然我是他的心理師，也一直記得自己的職責所在，但在他面前，我還是表現出了真實的自己。馬克並不是多特別的人，他就是個普通的中產階級男性，長相平凡，資產一般，才智也不出眾。他一點也不神祕，周身沒有奇幻的光波，也沒有任何傳奇色彩，我們的交流是純粹而單純的。我將他視為一個真正的男人，享受他的陪伴。

馬克教會我一件重要的事：

愛一個人就該愛他本來的樣子，而不要期待從他那裡獲得什麼，也不要期待他變成我想要的樣子，更不要期待憑一己之力去改變他。

親密關係中理想的交往模式，只屬於享受彼此真實樣子的人。

雖然我喜歡馬克，但還是因為我倆的相似感到心煩意亂。我想成為案主的鏡子，而馬克顯然成了我的鏡子。

在他身上，我看到曾被我漠視的自我，就是剛從佛羅里達小鎮出來時，那副單純的模樣，那時的我想要逃離小鎮單調乏味、死氣沉沉的生活，來到了紐約。然而在馬克身上，我發現一種美，讓我擺脫那種虛假的幻影，真心擁抱現實。

幾週後，拉米打電話給我。

「我訂了兩張去墨西哥的機票，」他說：「就是你以前提到的那個地方，瓜納華托……」

「我不相信女人。」

第一次約見心理師時，案主都很謹慎，剛開始進行諮商，總要對我的專業性進行審視，我也習慣了。我覺得「約會」與這種情況很類似：雙方面對面地坐在某間浪漫的餐廳裡，內心都在自問：「我們聊得來嗎？我們合適嗎？我們的關係會好嗎？」

但比爾直接切入。「進入正題之前，我想知道你是什麼樣的人。」他說著，靠在沙發上，雙手交抱胸前，就像在法庭問案，而他是法官。

「你是懷疑我幫不了你？」我說著，挑起眉頭，微微一笑。

「沒錯。」

通常案主會問許多問題好確認我能否提供幫助，例如我的工作經歷、學歷、處理他們的問題是否有經驗等。我可能給不了他們想要的答案，這時我通常會機敏地應對：「我是個單身女性，但我幫助過許多對夫妻。我沒有孩子，但有很多母親來我這裡諮商過。我協助過有性功能障礙的男性，但我不是男人。或許我無法體驗你的生活經歷，不過你花錢找我是想藉助我的專業技能，而不是要找我們的共同點。」

我極少遇過尚未開口就遭到批評和否定的情況。有一次，一位熟女進入接待室，我熱情地歡迎她，而她只看了我一眼就說：「哦，不！」便馬上離開。我陪著她到走廊上，問她要不要進來跟我聊聊她的問題，她同意了，但說我看起來這麼年輕，似乎根本幫不了她。幸運的是，她讓我了解她的故事，原來她只是羞於開口向比自己年輕的人求助。最後，她還是來我這裡諮商了。一旦擺脫最初的抗拒心理，後來的會談就很順利。

然而，這位叫比爾的案主對我疑心重重，似乎從一開始便認定我幫不了他。他看起來像亟需幫忙卻求助無門的人。會談開始前，我必須為自己辯護一番。

你需要我怎麼幫你？

「告訴我，你需要我怎麼幫你？」我問。

「我不希望整個會談過程，你只是坐在那裡，不停地點頭。」比爾答。

「所以你需要直接的指導。」我說。

「對，但我還是不太確定是否要繼續找你諮商。」比爾帶著欣賞地看著我，然後說：「也許我該找男心理師，你很容易讓我分心。」

「這麼說來，我可能正是你需要的心理師。」我告訴他，如果我讓他有感覺，當然就是幫他解決問題的最佳人選。

「是的，也許吧。」比爾笑著說：「但你不是我喜歡的那種女人。好吧，就說到這裡。我亟需幫助，也許我應該每天過來。」

又來了，他在評估我對他能有多少用處。

「你亟需幫助。」

「嗯，我是個性成癮者。你了解我們這類人的表現嗎？」

專業一再被質疑令我有點惱怒，但我還是告訴自己要有耐心些。「你為什麼不跟我說說你自己的表現呢？」我說。

比爾鼓起勇氣告訴我。「我的情況是這樣的：我喜歡帶著孩子們去睡覺，看著他們迷迷糊糊地聽著我講的故事入睡，但是在他們熟睡之後，我會出去再『做點什麼』。你也許認為我應該因自己接下來的行為有罪惡感，但我在做的時候並沒有那種感受，只有做完後才有。在那個過程中，我覺得我就想那樣子做。」

「那是什麼呢？」

「尋找遇到陌生人的刺激感。我喜歡開車出去，穿過安靜的郊區，去北部的布朗克斯區，很刺激、很冒險。」

「你想找刺激？」

「因為我不知道接下來會發生什麼。我從十幾歲就喜歡這樣，週五晚上和朋友們去城裡遊蕩，做點新鮮事找刺激。我們會約幾個女生一起去，有時找人打一架，或是去某個高檔夜總會玩。沒錯，我喜歡激情，喜歡參加那些活動，但有時準備的『過程』比活動本身更令人興奮。」

「參加那些活動讓你有什麼感覺？」

「失望，因為有種虎頭蛇尾的感覺，所以我會去找更多，直到找到為止。」

「更多什麼？」我問。

「更多女人。我一個晚上能約四、五個女人，最多的一次，我約了十個。」

「真是難以置信。」

「你是在批評我嗎？」

「不，只是有點驚訝，這個數目有點驚人。不過，有可能嗎？」我微笑著問。我有點訝異自己竟未感到蔑視或厭惡，也沒有因為他的防衛姿態惱怒，我是平靜，並非麻木。我知道我能忍受比爾說的話，只關注重點，不讓自己有情緒起伏。在比爾面前，我冷靜而專注，態度親和，內心堅定，這正是我一直希望自己做到的。

「是的，但我不會和她們發生實質的性關係。」比爾說：「別以為我是花花公子。其實我什麼都有：事業有成，有個美貌的妻子，我也很愛我的孩子。我就是那種閒不下來的人，總會自問：就只有這些嗎？我不應該擁有更多嗎？」

失去了對生活的熱情

比爾五十歲出頭，是個快退休的房地產商人。他住在康乃狄克，有空就到曼哈頓，平常喜歡打高爾夫，會上網找美女熱聊。他喜歡穿顏色鮮豔的POLO衫，如桃紅、大紅或鮮黃色等，服裝風格偏灰暗，只有POLO衫的色彩比較鮮豔。

比爾知道如何享樂，卻不懂何謂「幸福」。我想，他原以為所謂的「美好人生」是從日常事物體會樂趣，並且也一直這麼過，有天卻發現這些再也滿足不了自己，這使他感到困惑。

我以前就遇過這樣的人，我認為這通常是無須工作的人才會遇到的困境，他們的生活鮮有挑戰，不需要征服什麼，也不需要創造什麼，這種休閒的生活方式讓他們更自由。然而，伴隨著這種自由出現的是各式各樣的問題——即將退休的比爾再也沒有夢想和抱負，早晨也沒有必須起床的理由，沒有什麼能真正點燃他的熱情。他做事失去熱度、沒有動力，也沒有目標。

然後，他在意料之外的地方碰壁：會計師告知，他尋歡的支出已達到前一年收入的一半。得知此事之後，比爾驚惶失措，經過多番打聽，他找到我。「錢的事情失控了。」比爾說：「以前我還能存下一點，但現在沒辦法了。這件事我怎麼瞞得過我老婆呢？」

「你花了多少錢？」

「二十萬美元。」

我倒抽一口氣。

「性成癮」與「好色」不同

幾天後，在吃晚餐時，我和朋友們提到有位性成癮的新案主。也許是因為喝了酒，她們都只是半信半疑地笑了笑。「拜託，」瑪格麗特說：「這是真的嗎？男人一向喜歡上床，現在居然成了一種心理疾病？這不是將男人的正常行為病態化了嗎？」

「沒錯，這只是將卑劣行為合理化的託詞。」珍說：「這是流行的心理診斷結果，那些混蛋可以用來卸責，現在我們應該為他們感到悲哀。可憐的男人，把持不住時就說自己生病。」

「你是真的為他們感到難過嗎，布蘭蒂？」瑪格麗特問，她的男友又劈腿了。

「嗯，我是真的同情這個男人。」我說。

「那麼，你該為這些可憐的傢伙辦個慈善活動。」她說。

「我不是要你們同情或原諒性成癮的男人，也不是要為他們造成的傷害找藉口，好像根本沒什麼。我只是想說他們生病了，容易犯錯，值得同情，至少找我諮商的男人是這樣的。」

對於她們的反應，我一點也不訝異。「性成癮」確實值得深究，這種疾病未被歸入《精神疾病診斷與統計手冊》（DSM），仍然存在著不少爭議。

然而，這種行為是真實存在的，而且「性成癮」與「好色」明顯不同。性成癮者以自己的行為為恥，並感到失控，所以他們通常會很難過。但好色者覺得這樣沒什麼不好，而且認為自己的狀況仍在控制範圍內。

性成癮者的一切都是失控的，正常生活被搞得一團糟，比如為了召妓傾家蕩產、上班時沉迷成人網站而丟了工作等，**但他們控制不了自己的行為。**隨著時間推移，這種行為會發展成類似成癮的心理狀態，就像濫用藥物者大腦中的神經發生了變化。任何行為成癮都一樣，人一旦對某件事件成癮，大腦感知歡愉的能力會降低，這種症狀也被稱作「歡愉聾」（pleasure deafness）。歡愉感的閾值提高了，成癮者便需要更多刺激來獲得更多的歡愉。因此，若性成癮行為背後的情感原因不足以讓人信服，那麼性成癮就會被認定為人的生理行為。

我希望讓人們了解自己欲望的本質，想要讓他們明白自己還不清楚的行為動機。**男人，尤其是滿腔情緒亟待發洩的男人，他們的欲望其實是由許多感情需求交織而成，只不過他們自己不知道，或者不承認。**

向「不可能」的對象討愛

比爾告訴我，瘋狂的欲念使他日夜難安，甚至無法與妻子和小孩融洽相處。居家辦公時，他不時去查看網上認識的女人寄來的email。「我必須去看那些信，否則會坐立不安。」他很無奈地說：「我會和她們網聊，如果覺得對方能順著我想要的做，當晚我就會去找她。」

「你『想要』什麼？」我順著比爾的話問。

「我希望在親熱時由她主導，並給我溫暖和愛，可是很難。」

「我也這麼想。但你會因此感到滿足嗎？」我說。他的話聽起來很熟悉。

「不會，然後我就很氣自己居然花了那麼多錢！」

比爾的憤怒引起我的注意，但我並未理會他的怒火，因為我不想干涉他發洩壓抑的情緒。所以我問：「那麼，你是想從『不會給你愛的女人』那裡獲得愛嗎？」

「是吧，我認為是，我是想找溫暖、需要愛撫……對，就是你說的那樣。我從沒想過這樣看待自己的需求，但你說得沒錯。**我從不知道溫暖是什麼感覺，所以也一直不曉得那就是自己想要的。**」

此時，這個比我年長二十歲的男人就像個不快樂的嬰孩，而我只想安慰他。我好驚訝，聽了他不忠的故事，自己竟然想要給他安撫，要是在以前只會讓我覺得很噁心。我要求他詳細告訴我背後的故事。

「我卸下心防了！」他說，好像發現了什麼重要的事。

「為什麼這樣說？」

「真不敢相信我居然把這些都告訴你。」

「你能信任我，這是我的榮幸，比爾。」我真的這麼認為。

「我覺得……被你看透了。」

「被我看透了，這讓你有什麼感覺？」

「不舒服，但你讓我安心。」

「雖然你覺得不舒服，但還是把自己的故事告訴了我，我很開心。這需要勇氣，比爾。」

他離開之後，我仍然對他感到同情，想到他對我如此坦誠，甚至讓我眼中泛淚。我清理了沙發和茶杯，離開辦公室。原來這就是成熟。

渴望得到「母愛」

比爾的某種特質激發了我體內的母性本能，所以再次會談時，我請他跟我聊聊他的母親。他說她是「自私的酒鬼」。

「她經常和各種朋友出去聚會，也經常換男友，看起來總是很開心。她打扮得很迷人，我覺得我簡直是拖油瓶。聚會後的第二天，她都穿著睡衣待在家裡，如果我吵到她，她會生氣。」小比爾心情低落時，就會拿一件母親的睡袍作為撫慰。

比爾的母親會滿足他的日常需求，但極少與他交流。「她對我沒有感情，也沒有真正教育過我，更別提給我溫暖——」

比爾突然打住，也許是出於習慣吧，過去當需求得不到滿足時，他就會這樣，因為他知道無法獲得母親的回應。

他接著說，最近回老家，在空蕩蕩的房子裡漫步時，從前那些感受又浮上心頭，孤獨湧現，他又開始覺得自己是多餘的人。

「我的妻子也不是溫柔的人，但我們的關係還不錯，相處得還可以。」他很洩氣地繼續說：「不過，她的脾氣不好。」

「**你總是向『不可能給你愛的女人』索求愛。**」

「我怎麼是向她們——」

「你花錢找小姐，希望得到大部分的女人不願給你的東西。她們不給，你就生氣。」

「嗯，但至少我讓她們主導。」

「事實上，你是在教她們如何掌控你，你才是被她們控制的人。為什麼你喜歡這種被控制的感覺？」

「我只是希望有人能照顧我，態度溫和地告訴我該怎麼做。」

「這也是你希望母親給你的嗎？」

「是的。」

「所以，**你急於得到的是『母愛』**。」

比爾想被控制並非因為他是受虐狂，其實他是想擁有父母的教導。但這裡的「教導」並非字面上的涵義，比爾渴望的是「母性」：關心人、有耐心、溫和、內心堅強。儘管這些特質在兩性皆可見，但人們普遍將其與「母親」的印象連結。雖然比爾賺夠錢，快要退休了，但在感情上則像個孤兒，孤獨無依。

他居然連基本的需求都得不到滿足，我很替他難過。如果沒有母親，我們在這世上就像沒有家的孤兒。

「我需要那種愛，很深厚的愛，再深厚我也不嫌多。」比爾說：「也許正因如此，我才總是需要女人。」

男人為何透過「性」尋找「愛」？

我終於將比爾的「感情需求」與「成癮行為」相連結了。

男人為什麼要透過「性」尋找「愛」？如果你渴了，會吃三明治解渴嗎？你累了，會喝水紓解疲勞嗎？**男人認為表達感情不好，但發洩性欲沒問題，因此透過性行為表達需求，滿足期待。**

實在令人不解，性不再被用於自由地表達愛、生命與欲望，還被賦予其他的期待。比爾透過「性」尋找「愛」的情況已經有點神經質。許多性成癮者所謂的「性欲強」、「就是喜歡」，其實是在掩飾內心的渴求。

性成癮者其實都有感情需求，他們需要確定自己是被人愛著的，就像在對別人說：「你愛我嗎？你愛我嗎？你確定嗎？我不相信，你再告訴我一次。」

性成癮被視為一種親密關係障礙。研究顯示，百分之七十八的性成癮者來自「關係淡漠」的家庭。從心理學角度而言，就是家人之間的關係不親密，覺得彼此是陌生人。這種性成癮者就像卑鄙小人，殘忍無情，貪得無厭，來者不拒。大多數女性意識到這點會覺得反感，性工作者因而大大獲利。

不幸的是**在婚姻關係中，這種無法消除的不安全感只會讓女人覺得很有負擔**。有的女人會順從，因為她們依賴伴侶，比爾的妻子就是這樣的女性，她認為只要滿足丈夫的生理需求，他就不會變心。她根本不知道對性成癮者而言，這種策略完全沒用。

分手？別傻了！

我去瓜納華托度假，當然是和拉米一起去的。我認為這是墨西哥最浪漫的城市，民謠歌手晚上會在狹窄的街道停留好幾個小時，不斷唱著情歌，城裡的人跟在歌手身後，一邊喝酒，一邊高聲歌唱，最後會停在「接吻之巷」親吻、歡慶。這個小城真的很對我的胃口，如果這裡是靈魂伴侶之鄉，那我應該能找到白馬王子吧。當然，此時我已經忘了要和拉米分手的想法，我們的關係進入一段最平靜而穩定的時期。

拉米甚至開始根據分居協議申請離婚，這讓我感到驚訝。我已經接受了他們只是分居的事實。離婚意味著他將承受巨大的經濟損失，我也明白這對他來說代表什麼，畢竟他歷經艱辛才有今天。他的人生經歷就是一個移民實現美國夢的童話故事。

拉米在難民營長大，花了一年才還清來美國買機票欠的債。他剛到紐約時，錢包裡只有六十七美元，和八個人在布魯克林同住。起初，他在曼哈頓的一家熟食店打工賺錢，後來與一位同事合夥開了自己的熟食店，他們買下一間店面裝修，之後賺了一大筆錢，數額驚人。好幾年後，他開了更多家店，也擁有更多資產。他實現了財務自由，無須再工作，但一直留著最初來美國時的那個錢包，裡面永遠放著六十七美元。他說這能提醒他，再糟糕也不過像當初剛來美國時那樣。這種做法很不錯，因為他的個性比我更魯莽。

我明白他決定離婚要付出沉重的代價，也尊重他的忍耐和慷慨。這對他來說是很重要的一步，因為這證明他接受並信任我們的這段關係。

妻子想要了解他，但他漠然以對

幾週後，比爾告訴我，妻子懷疑他偷情，並詢問能否帶她一起來諮商。他還說，他妻子認為心理師是利用人們的悲慘經歷賺錢的騙子。

「我覺得她只是想確定我是不是真的來諮商，」他說：「而不是去找別的女人。」

我鼓勵我的案主帶著配偶一同來諮商，也希望他們能誠實地對待伴侶。但比爾撒了謊，他告訴妻子娜塔莎，他來諮商是為了治療輕度憂鬱症。

和案主的伴侶見面原已夠棘手，更何況她被蒙在鼓裡。有些心理師為了幫案主守密，甚至不與伴侶個別會談，因為不確定案主想把自己的祕密留存多久。

娜塔莎是個普通的中年婦女，來的時候表現得十分端莊，以掩飾內心的緊張。她穿著樣式簡單、質料硬挺的短上衣和寬鬆的褲子，一頭金色短髮。我看得出會談室讓她感到不自在，步伐小心翼翼，好像進入女巫的家一樣。

她仔細審視室內，然後坐在沙發上，臉上的笑容很勉強，握手也是象徵性地碰一下。

雖然她半信半疑地來了，但慢慢卸下心防後，她還是很溫柔的，完全不是比爾說的那種冷漠的人。她因為緊張而臉上泛紅，看起來很和善。

在最初的幾分鐘裡，娜塔莎並不怎麼開口，但一直在打量我。她看著我，當我望向她時，她又轉頭去看比爾。有時她低頭，眼神空洞地注視著地面，好像在想什麼事情。「告訴我，你們在這裡都談些什麼？」她柔聲問比爾。

「憂鬱。」

「這對你有幫助嗎？」

「是的。」

「你很少回家，在家時根本不理人。你忘了你的孩子們嗎？」說著，娜塔莎淚如泉湧，我趕緊遞給她紙巾。

「每天晚上我都會哄他們睡覺。」比爾說。

「但那之後你就出門了。」她說著，一隻手搭在比爾的手上，好像要去握他的手，但比爾並未回握。娜塔莎很深情地注視著比爾，彷彿在說她想知道真相，也像在懇求比爾告訴她真相。她的眼神流露出深切的擔憂和關愛，希望比爾有話直說。

比爾快速地環顧了一下會談室。「我和朋友出去玩了，我想好好享受退休生活，畢竟我辛苦操勞了這麼久，就讓我好好休息一下吧。」

「你這樣讓我的感覺很糟糕。」她說。

接著，兩人陷入沉默，諮商也陷入僵局。

比爾沒有說出真實的答案，妻子想要了解他，但他沒有任何回應，這一幕真令人感到痛心。

「直覺」原是女人的神聖天賦，現在卻成了娜塔莎痛苦的來源。看著比爾一臉漠然，娜塔莎憑直覺知道他在說謊，卻無法探知真相。她用乞求又帶著一絲不屑的眼神看著我，好像明白我一定知道內情，也懷疑我這個年輕的陌生女心理師為何知道關於她幸福的所有祕密。

我實在受不了，想把真相都告訴娜塔莎，但我不能這麼做。我也很氣比爾的自私造成這麼大的傷害。我感覺自己見證了一個女人的自信被瓦解、觀念被顛覆、真相被曲解的過程。

但就像其他對配偶不忠的案主，比爾也有罪惡感，覺得懊悔，明知自己的荒唐行為顛覆了價值觀，但不能自拔。

我知道一個普通人是怎麼墮落的了，這是個難以察覺的緩慢過程：起初，只是心裡有個小小的聲音告訴你要怎麼做，後來這個聲音越來越強勢、霸道，自行闖入人的思緒，然後在其中安住，讓人感覺眩暈，做出違背自己崇高理想和道德的事，違背對伴侶的承諾。這個聲音變得越來越大，一直在高喊「我需要」、「我想要」，使人盲目聽從。人們自甘墮落的原因都不一樣，有的是因為貪婪，有的是因為孤獨、嫉妒、憎恨自己等等。

比爾則是因為渴求「被愛」。

亟需被愛的男人

幾週後，比爾走進治療所。

「我想我可能愛上了一個人。」他說：「我從廣告上發現布朗克斯的一家酒吧，在那裡遇到一個年輕貌美的拉丁女孩。」

「哇！」我完全沒想到他居然說出這樣的話，令我大吃一驚。

「這次的情況比較好一點。」比爾繼續說。

我想：她會是那種自願支配一切、又十足溫情的女人嗎？

「我帶她去了一家破舊的汽車旅館。」比爾繼續說：「進入房間後，她卻告訴我其實她是男的。你能相信嗎？」

我目瞪口呆，於是繼續聽比爾說。他諮商了這麼長的時間，所以會自動回答我可能會問的問題，諸如「你對此有什麼感覺」。

「她太美了。她叫卡拉，表現得很關心我，總是聽我說話，看我的眼神也和其他女人不同。昨天她說我看起來很孤獨、很迷惘，我自己甚至沒有意識到，但我相信她說的，接著一直和才二十歲的她聊我活得多空虛、多焦慮，她也能懂我說的。我一點也不在乎她是男是女。」

「她真的懂你。」

我心想這種操控真高明，她看穿了比爾渴望的其實不是性愛。

「我覺得她很聰明。我認為要是她出生在好人家，而不是窮人家，可能有機會接受更好的教育或者去旅行。你知道嗎？卡拉不知道哲學家尼采、作家史坦貝克和普魯斯特，也從沒聽說過羅斯福總統的事蹟，不曉得這世上還有秘魯這個國家，也不了解她的祖國多明尼加的歷史。她從沒去過紐約以外的地方，不過她很機靈又聰慧，我很重視她的看法，甚至超過對我朋友看法的重視。要是像她這麼聰明的人獲得栽培，那她的生活會發生怎樣的變化啊！」

比爾不清楚卡拉是男是女，也不曉得她的行為是真心或只是演戲，他只知道遇上的這個人「懂」他，這帶給他些許活力。聽比爾的描述，他似乎一直想說服卡拉上大學，他不敢相信卡拉從未想過接受更好的教育。他開始為她買歷史、文學類的書和詩集，花錢帶她去咖啡館讀書。

比爾像是在卡拉身上找到全新目標，平靜的生活起了變化。我花了好幾個月想說服比爾別陷入激情和活力的失落感，但陷入僵局，沒想到卡拉讓他找到生命的意義。

比爾計劃為卡拉的變性手術出錢，還打算付錢送她上大學。他現在已經捉襟見肘了，而且還要養家，不知他是否還有錢這麼做。或許這只是另一種成癮的表現，但我有種直覺：比爾的**「核心動機」改變了**。

卡拉對比爾說了自己的經歷，使得比爾不再只關注自己的需求和情緒。他認識了康乃狄克州之外的世界，開始打高爾夫、去鄉間俱樂部玩、赴百慕達群島旅遊。這讓他的思想更寬廣，雖然他已厭煩聽卡拉的故事，但是並不排斥聽她說道理。他重新振作，對各種問題有了自己的想法和觀念，想要投身於生活、有所作為，並且確立自己的價值，而不是只關注生理感受。

此刻，他下定決心要**好好地生活**。

做心理治療時，為什麼要回憶過去？

不幸的是沒過多久，比爾想要改變卡拉生活的想法不得不終止。他很急躁地走進會談室。

「娜塔莎查看我的訊息，也猜到我交代的行蹤都是騙她的。接著她清查我的辦公桌，發現我的另一支手機和信用卡的消費紀錄：汽車旅館、成人網站、買禮物等。我們大吵一架，她威脅要帶著孩子離婚。」

我不想顯得無動於衷，但我的第一個念頭是：真的只是「威脅」嗎？

「你有沒有向她坦白你的事？」

「我沒辦法告訴她所有的真相。」比爾痛苦地說：「我非常惱火地衝出家門，開車三個小時去我媽那裡。我覺得快要崩潰了，但到了之後發現她不在家。」

比爾雙手緊握，一副很崩潰的樣子。這次衝動回家，讓他再次感受到積壓多年的痛苦。

「我知道，比爾，你終於去尋求安慰了，可是沒有找到最需要的、可以安撫你的母親。」

「然後我想起曾經遭遇的性侵。」

什麼？他之前為什麼沒告訴過我這些？我很驚訝，但仍然保持沉默，因為我知道要是這麼問出口，比爾會發脾氣。

「我不想談這件事，但是我十二歲時，遭到我母親的一個男性朋友侵犯。」

比爾似乎快要崩潰了，但我不能錯失良機。「剛剛告訴我這些的時候，你想到什麼？」

「我懷疑自己是不是同性戀。有天晚上和卡拉親熱時，我想起十二歲發生的那件事。被那個人侵犯時，我好像不反感，多年來我一直想釐清這點。」

「你一定壓力很大，覺得困惑。是怎樣的不反感呢？」我說。

「那個人關心我的方式不一樣，他很友善，帶我參加棒球賽，我覺得他就像父親一樣。」

「的確如此，比爾，你渴望父母的關愛。」

經過一段時間的諮商，比爾認為自己有雙性戀傾向，部分原因是童年的這段經歷。他不只因遭性侵難過，更傷心的是母親沒有保護他，而且是她讓那個人接近他，與他獨處。有時母親自己待在臥室裡，其他參加聚會的人則在家裡來去自如、睡在沙發上，甚至當著比爾的面吸毒，這些事情對他造成嚴重的影響。

經常有人問：「**做心理治療的時候，為什麼要回憶過去的事？**」

對比爾而言，回憶過去，能讓他明白成長經歷影響了他對女人的看法。**他認為母親並不可靠，因而學會不要完全依賴女人。這種觀念和態度導致他意識不到：無論在性愛或生活中，妻子都**

是他最容易親近的人。

比爾需要讓自己接受妻子為他所做的一切。

對愛的渴望太強烈，因而變得扭曲

我問比爾為什麼他認為得不到妻子的關愛，他給了毫無說服力的答案，「她太關心孩子了。」

「很抱歉，我並不這麼想。」我說：「她來參與會談，並且一直試著關心你，她是你最親近的女人。說說看，你和她關係不親近的真正原因，究竟是什麼？」

「原因在她。」他堅稱。

「好吧，不過她現在不在這裡，所以我們還是來看看你的問題吧。如果從現在開始，你一直忠於娜塔莎，不去找其他女人，你認為會怎樣？」

比爾坦承這會使他慌張，他擔心妻子無法滿足他的需求。

「你的意思是，你不相信她？」

「呃……」

「你也不信任我。」

「我不相信女人。」

我認為比爾的基本觀念是扭曲的，就像在照哈哈鏡一樣。

「你對愛的渴望是如此強烈而扭曲，認為女人柔弱又靠不住。這就是我們要處理的問題，你之所以如此恐懼、對愛有如此強烈的渴求，就是因為你遭遇過性侵害。」

心理師只能幫案主做這樣的分析。**一旦案主學會接受自己對感情的恐懼，那麼接下來的任務就變成要克服這些恐懼，只有到了那時，他們才會真正改變自己。**這個過程很漫長，對某些人而言，可能會持續一生。

若想恢復正常，那麼當恐懼感出現時，就要意識到這些感覺，而且要學會不做出過度反應，這是一種認知訓練。**在這個過程中，要一直對自己說：「這會過去的。」**

幾個月來，比爾和我一直為此努力，幫助他克服與娜塔莎親熱時，心中湧現的不安。

在接下來的諮商過程中，比爾將所有過往都告訴妻子。他冷靜、誠懇的態度，終於讓娜塔莎也開始為改善兩人的關係做出改變。

比爾不再與卡拉聯繫了，但他還是很感激卡拉，因為她讓他明白什麼才是最重要的，也讓他的生活重新有了目標。

卡拉使比爾有了幫助他人的熱情，脫離了以往空虛的生活，他決定去一家慈善機構當志工，協助貧困孩子受教育。同時，他也為卡拉設立了一項助學基金，每年給她一筆錢用於教育。

最有效的技巧是「真誠的關愛」

最後一次會談時，比爾眼中泛淚。

「我很感謝這麼長時間以來，你給我的真誠關懷和同理。」他說：「無論我跟你說了什麼，你都能夠接受。**你讓我覺得自己是被接納的**，我想讓你知道，光是這一點就治癒了我。」

我也抹去眼淚，深吸一口氣。我很驚訝，自己用過那麼多治療技巧，最有效的竟是給予案主「真誠的關愛」。對比爾來說更是如此，因為他從未真正相信過女人。我覺得根本不必用同理心來理解比爾的感受，因為我是「用心」和他說話，這就是比爾的問題得以解決的真正原因。

在心理治療上，這被稱作「矯正性情緒經驗」。與心理師的交流中，案主產生的新感受十分強烈，改善了他們以往對人和世界的看法及觀念，但並非認知的改變，而是一種不同的經歷帶來的本能轉變。

人們總能從這種經歷中，感受到希望。

【結語】

「愛」是人性最核心的部分

回顧本書的每個案例，最令我開心的是，我明白了女性在聊到如何理解男人時，往往是臆測。即便我們心裡很清楚那些結論大多偏頗，但看起來還真像回事。

女性普遍認為男人是「性與愛分離」，男人想的就是上床，我們也大多接受男人就是如此。然而與男性案主進行諮商時，透過幾次會談，我發現男人與女人沒有多大差別，只是男人很難區分「心理」與「生理」需求的不同。

我也發現，「愛」是人性最核心的部分，人都需要去愛，也都需要被愛。「對愛的渴望」是我們一切的行事動機，包括欲念。無法與女性維持長久關係的人總想要更多熱情，這與生理上的激情完全不同。

我從男人身上學到一些改善親密關係的方法，並非出自我的個人經驗，而是由這些抱怨、不滿的男性親口所述，也是他們想要的。我想，每個人都希望自己的親密關係是重要而特別的。有趣的是，無論案主起初為什麼來找我諮商，最終總會把話題轉向「愛」，這也是我最感興趣的地方。有些案主認為親密行為就是愛的代名詞。他們在感情上得不到或是不敢要的，都會透過性來索求，這是贏得自尊的方法。他們希望自己是特別、重要、有力量，並且被需要的。

親密行為能夠讓他們獲得從母親、妻子或其他女人身上得不到的一切，然而這些只是出於內心的匱乏。由於沒有學會如何關愛自己，男人轉而迷上幻想，希望女人「憑直覺」便懂得他們的需要，並且滿足他們。然而，女人心裡可不希望如此。

這並不是愛。這種幻想就像在超市和收銀員互動一樣，不帶任何感情。

你感受過愛嗎？

我有個案主是知名音樂人。第一次會談時，他告訴我：「我寫情歌是為了謀生，但我並不相信愛情。寫那些歌只是為了賺錢。」

他如此直白地坦露，很讓人感動。有那麼多事情可以自我揭露，但他選擇告訴我這一點。

「愛都是假的，」他繼續說：「是費洛蒙和多巴胺這些化學物質在作祟，說到底不過是為了繁衍。愛只是浪漫的幻想。」他的語氣聽起來很厭煩。

「你希望愛是真實的嗎？」我問。

「不，我只是想活在現實裡。」

「難道現實只與生理需求有關嗎？」

「嗯，好吧。大家說到相愛的感覺時，其實想表達的是『這個人讓我的自我感覺良好』，這就是該死的想要被認可。別誤會，我喜歡受人肯定，我就是為此而活，但一個人無法永遠被別人認可，所以我感覺很差。我的前女友也爛透了。」

「就算只和生理欲望有關，那又怎樣？不如就好好享受吧！」我說。

他起身走動，接著說：「我喜歡走來走去，討厭坐在這裡討論心理術語，這樣有用嗎？我來這裡是尋求幫助的。」

接著他坐下，卻是坐在我身邊的椅子上，默默地盯著我看，彷彿想讀懂我的心思。我也看著他，有點不安地挑了下眉頭。

他突然站起來，又開始踱步。

「你知道你長得很漂亮嗎？」

「你岔題了。」我說：「你不是來尋求幫助的嗎？」

「抱歉，我有過動，而且來之前喝了很多咖啡，也不知道自己剛剛說了什麼。我很迷惘，簡直一團亂。」

「你說愛都是為了生理欲求，我回應『那又怎樣？不如就好好享受吧』。」

「那樣活得太空虛了。」他坐回沙發。

「那你想要什麼？」我問。

「我希望愛有意義。」

「那就讓它有意義啊。」

「但愛根本就毫無意義。」

「你說的對，你的狀況真的很混亂，有存在危機。」我說：「你感受過愛嗎？」

「我想有。我愛我的前女友。大家認為與愛有關的感受，我都體驗過。」

「那你的確感受過愛。」

「我想是，但也許只是化學反應。」他從口袋裡掏出手機開始玩。

「前女友讓你失望了嗎？」

「不只如此。」

「她讓你失望了，於是你不相信愛，懷疑起一切，對嗎？」

「我的經紀人會打電話來，我得接聽。」他試圖轉移話題。

「你需要被愛？」我繼續問。

「是的。」

愛的感覺是可以培養的

許多人不懂愛，對愛也就不抱期待。

我還不了解這位音樂人的感情經歷，但他顯然有某些期待未實現，所以才如此否定愛。但我也明白，我們很難否認內心對愛的渴望，我想他一定也有過嚮往。那麼，若生理欲求便是「愛」的渴望的一部分呢？他不理解，「愛」的本質其實是這些經歷的總和。

「愛不只是兩個人的浪漫，」我說：「愛是有擴展性的，你可以愛動物、大自然、孩子和朋友。我們內心都渴望愛與被愛，除了愛一個人、愛一件物品，我們還可以在許多方面表現愛。從某種程度來說，你可以愛你身邊的一切。」

他沒有回應，只是露出懷疑的表情，所以我繼續說：「告訴我，你愛做什麼事？」

「彈吉他。」
「為什麼愛彈吉他？」
「因為吉他的音色迷人，而且很容易彈。」
「先別說出口，靜靜地思考一下。」
「好吧……」
「體會一下這份『愛』的感受。」
「我聽不懂，你到底要做什麼？」
「照我說的做就好。」
他停頓了一下，然後回覆：「好的……嗯，我感覺到一股暖意。」
「現在試著放大這種感受。」
「嗯……好的……」
「現在想想其他你愛的。」
「我妹妹。」
「繼續想，注意你內心的感受。」
他熱淚盈眶。

「愛已然湧現。只要你想，隨時可以心生愛意。」

我們繼續進行諮商，我發現他還愛著許多事物，比如他死去的狗和牛奶冰棒。

雖然他遵從我的指導，但態度仍然傲慢，這讓我感覺不舒服。他一定以為我是對愛盲目樂觀的人，當然不樂意聽我說的做，但我們還是一遍遍地練習。他說了很多事情，能夠感受到愛、並加以維繫，證實了我對他提到的觀點，也就是「**愛的感受是可以培養的**」。

我希望他至少能承認愛是確實存在、可以被感受到的。他可以相信心裡產生的愛意。

後來他的確承認了，愛的感覺很棒。

如果我再也找不到愛了，怎麼辦？

後來我們又會談了一次，接著他中斷諮商，去歐洲巡迴演出。

最後一次會談時，他說他必須離開，但並不覺得興奮，因為再沒有什麼能讓他興奮了。

「我覺得整個世界都沒有意義。」也許他找我的目的是想找到生活的希望吧。

「心理師，你能告訴我『什麼是愛』嗎？」

對於這個問題，我努力想找到合適的話來形容。「嗯，我們認為的愛是一種發自內心的愉悅感。但其實愛還包含很多行為和感覺——」

他打斷我的話。「心理師，請停一下。你是認真的嗎？你就是這樣告訴別人的嗎？我認為你需要想想比這些話更好、更容易理解的內容，像歌詞一樣朗朗上口。還有，請不要用那麼多專業用語！」

他說得沒錯，我說的話聽來的確讓人厭煩。

「好，好，好。」我說：「愛就是發現其他人和事物的美，你需要透過愛找尋創作靈感。」

一個月後，我收到他從比利時寄來的email。他向我道謝，並問我：「我還有最後一個問題：如果我再也找不到愛了，怎麼辦？」

我回覆：「我相信你一定會找到的。**我確信，每個人都需要愛與被愛，即使一段感情結束了，愛也不會消失，因為愛不只是因某個人而存在的。愛無處不在。**」

他在信中告訴我，他仔細思考了一下我們最後會談時聊的內容，然後放下存在主義的書，轉而開始讀詩人魯米頌揚愛的著作。

最讓我開心的就是案主對愛的觀念改善了。

有的案主告訴我：「我現在不再尋找愛了。我想要成為愛的化身。」

聽到他們從辱罵女性到轉為思考：「過去我老懷疑自己沒人愛，如今則是自問『我是否付出過愛』」，我真難以置信。

如今這些男人不再關心能得到什麼，而是自己能「給予」什麼，我感到很欣慰。

為了愛，再冒一次險

拉米和我的關係恢復了平靜。後來，我們決定結束這段遠距戀情。如果我們的關係要更進一步，就必須有人搬家。拉米曾來找我，宣稱：「我要搬到紐約。」這真是他的風格。他將行李搬上車，開車從佛羅里達過來。

「你是我一生的摯愛，」他說：「無論付出什麼代價，我們都要在一起。」

我真的很開心，我們終於不用再糾結誰搬去誰那裡了，我留在紐約，也得以與拉米相伴。我和時報廣場的室友們告別，租了個地方和拉米同居，但美好時光只維持了兩個月，我將大致過程簡述如下：他買了一只訂婚戒指，我們大吵一架，他退掉戒指，買給自己一支勞力士，我們又吵了一架，他將勞力士扔進河裡，然後搬回佛羅里達。

又剩我一個人待在紐約了，我住在自己的單身公寓裡。

這不是分手，我也沒有覺得難受，我們只是又恢復分隔兩地的狀態而已。

拉米想念佛羅里達的大房子，他說他無法照著曼哈頓的步調過。我一個人躺在小公寓裡，想著他說的話。這屋子太小了，從床上伸出手就能打開冰箱門。我要忍受這種生活多久？廚房還沒有公用電話亭大，睡覺時有老鼠上躥下跳。我只能在入睡時，將鑰匙和鞋子放在容易拿到的地方，以便半夜起來趕老鼠。

我想起自己曾發誓在紐約工作一年後就搬回佛羅里達，也想起沒有回去的真正理由——其實是因為我和拉米有信任危機。我沒有安全感，也沒準備好冒險與他一起生活，相反地，我決定留在紐約，就不用擔心怎麼和拉米在一起。真是瘋狂！以前我總是勸說案主在面對愛人時，一定要保持冷靜和勇敢，那我為什麼不這樣做呢？

最後，我還是決定冒一次險：打電話跟拉米說我要搬回佛羅里達。接著我將治療所轉租出去，把公寓退租，向紐約的所有朋友道別。

我約朋友們去酒吧喝酒，告訴他們這件事，大家驚呼：「你瘋了嗎？」雖然他們很驚愕，但我的態度平和而冷靜。

拉米和我很興奮地規劃著新生活。然而幾天後，我收拾行李時，拉米打電話來。「也許你應該找地方自己住，而不是和我住在一起。」

「啊？為什麼？」

「要是我們對彼此厭煩了怎麼辦？」他說：「我不想被束縛。」他說了一大堆理由，但聽起來都不怎麼樣。我真的受不了，再也聽不下去。

「也許我們該簽一份協議，聲明我不在經濟上支持你。」他支支吾吾地說。

我掛斷電話，倒在地上放聲大哭。他遲疑了。

以前我總認為只要自己讓步，我們的關係就能長久。我發現這些年來一直在克制自己，讓我們保持適度的距離，但他總是抱怨我不在他身邊。

哦，天啊——我的治療所！我突然想到剛剛租出去了！而且我得在兩週內搬離公寓。原以為自己為了愛，做出冷靜的決定，沒想到這個決定改變了我的一切。

我整理好心情，立刻訂了一張時間最早的班機去加州，我一直想去那裡。沒幾天便在海灘旁的一棟漂亮房子租下其中一個房間，然後飛回紐約收拾行李，打算將所有物品打包好寄到加州。正要去寄行李時，拉米來找我，說想和我談談。我一點也不訝異，不過這一次，我只要他幫我把箱子送到郵局，因為實在太重了。

我們就這樣結束了。

為什麼我們還要去愛？

是的，我被拉米傷到了。他說謊，喜歡跟女人調情，忽視我。

我不認為自己搬家的決定錯了，也不認為愛這個人錯了，因為我認為的忠實是對愛情忠實。沒錯，他讓我傷心、失望，但他也曾為了愛努力。

我為自己的勇敢、對愛的堅持而自豪。雖然我並未完全理解，但每一次付出愛，都讓我看得更清楚、更長遠。

案主經常問這樣的問題（為愛傷心、難過的人都問過）：「為什麼還要去愛？」我們都在努力接受這個事實：我們都可能因愛受折磨，但我們仍然需要愛。陷入恐懼、拒絕接受，無法保護我們不受傷，因為若是沒有愛，孤獨終老，仍然會體驗痛苦的感覺。所以我會誠實地回答：「是的，你可能會因愛受傷，這也是我們需要接受的最重要的經驗。**要學會愛，就要學會承受愛帶來的痛苦。關於愛的一切都有美感和傷痛。**」

我不會厭倦、不憤世嫉俗，這不是我的風格。我仍然喜歡浪漫，但與男案主們接觸的經歷讓我的視角變得更實際，也更廣。

每當我覺得拉米是個渣男，都會發現他善良的一面。這種矛盾讓我困惑許久，最終我了解沒什麼好困惑的，因為這就是「人性」，這個認知讓我對男人不再持批判的態度。我和拉米分手了許多次，但這個過程與我和案主的會談過程是一樣的：我都要**面對他們內心的想法與感受**。我必須**克服他們帶給我的不安全感**，**從同理的角度面對他們**。

我為案主們做了長時間的努力和奮鬥，他們教會我如何保持耐心、如何變得勇敢，又該如何學會容忍。我從不認為這些美德有哪一種像我深愛的浪漫般令人著迷，但是它們都為美好的愛奠定基礎，讓愛變得有趣又生動。

一開始，我也無法回答「愛的本質」是什麼。不過透過諮商，我們都認識了愛的本質，並從中成長，變得成熟。

【作者註】拉米最後過著他最愛的單身生活，到處旅行，在許多發展中國家設立孤兒院。我則在洛杉磯繼續做諮商工作，嫁給所愛的人——他帶給我的啟發遠超過我的想像，他來自愛荷華州。

國家圖書館預行編目資料

男人的祕密只跟心理師說：一名性諮商師與那些男人不言的欲望迷霧/布蘭蒂.恩格勒(Dr. Brandy Engler), 大衛.蘭森(David Rensin)著；李菲譯. -- 初版. -- 臺北市：寶瓶文化事業股份有限公司, 2025.04　面；公分. -- (Vision；273) 譯自：The men on my couch : true stories of sex, love and psychotherapy.
ISBN 978-986-406-466-3(平裝)
1.CST: 戀愛心理學 2.CST: 性別關係 3.CST: 個案研究

544.37014　　114002172

寶瓶 AQUARIUS

Vision 273
男人的祕密只跟心理師說
——一名性諮商師與那些男人不言的欲望迷霧

作者／布蘭蒂．恩格勒（Dr. Brandy Engler）、大衛．蘭森（David Rensin）
主編／丁慧瑋

發行人／張寶琴
社長兼總編輯／朱亞君
副總編輯／張純玲
編輯／林婕伃．李祉萱
美術主編／林慧雯
校對／丁慧瑋．陳佩伶．劉素芬
營銷部主任／林歆婕　業務專員／林裕翔　企劃專員／顏靖玟
財務／莊玉萍
出版者／寶瓶文化事業股份有限公司
地址／台北市110信義區基隆路一段180號8樓
電話／(02)27494988　傳真／(02)27495072
郵政劃撥／19446403　寶瓶文化事業股份有限公司
印刷廠／世和印製企業有限公司
總經銷／大和書報圖書股份有限公司　電話／(02)89902588
地址／新北市新莊區五工五路2號　傳真／(02)22997900
E-mail／aquarius@udngroup.com

法律顧問／理律法律事務所陳長文律師、蔣大中律師
如有破損或裝訂錯誤，請寄回本公司更換
著作完成日期／二〇一二年
初版一刷+日期／二〇二五年四月七日

ISBN／978-986-406-466-3
定價／四三〇元

寶瓶文化·愛書人卡

感謝您熱心的為我們填寫，對您的意見，我們會認真的加以參考，
希望寶瓶文化推出的每一本書，都能得到您的肯定與永遠的支持。

系列：Vision 273　書名：男人的祕密只跟心理師說

1. 姓名：＿＿＿＿＿＿＿＿＿＿ 性別：□男　□女

2. 生日：＿＿＿年＿＿＿月＿＿＿日

3. 教育程度：□大學以上　□大學　□專科　□高中、高職　□高中職以下

4. 職業：＿＿＿＿＿＿＿＿＿＿＿＿＿＿＿＿＿＿＿＿

5. 聯絡地址：＿＿＿＿＿＿＿＿＿＿＿＿＿＿＿＿＿＿

   聯絡電話：＿＿＿＿＿＿＿＿＿＿＿＿＿＿＿＿＿＿

6. E-mail信箱：＿＿＿＿＿＿＿＿＿＿＿＿＿＿＿＿＿

   □同意　□不同意　免費獲得寶瓶文化叢書訊息

7. 購買日期：＿＿＿年＿＿＿月＿＿＿日

8. 您得知本書的管道：□報紙／雜誌　□電視／電台　□親友介紹　□逛書店
   □網路　□傳單／海報　□廣告　□瓶中書電子報　□其他

9. 您在哪裡買到本書：□書店，店名＿＿＿＿＿＿＿＿＿＿
   □劃撥　□現場活動　□贈書
   □網路購書，網站名稱：＿＿＿＿＿＿＿＿＿＿　□其他

10. 對本書的建議：＿＿＿＿＿＿＿＿＿＿＿＿＿＿＿＿＿

11.希望我們未來出版哪一類的書籍：＿＿＿＿＿＿＿＿＿＿

（請沿此虛線剪下）

亦可用線上表單。

寶瓶
讓文字與書寫的聲音大鳴大放
寶瓶文化事業股份有限公司

廣 告 回 函
北區郵政管理局登記
證北台字15345號
免貼郵票

寶瓶文化事業股份有限公司 收

110台北市信義區基隆路一段180號8樓

8F,180 KEELUNG RD.,SEC.1,

TAIPEI.(110)TAIWAN R.O.C.

（請沿虛線對折後寄回，或傳真至02-27495072。謝謝）